W0265599

Von den Göttern zu Gott Frühes Christentum im Rheinland

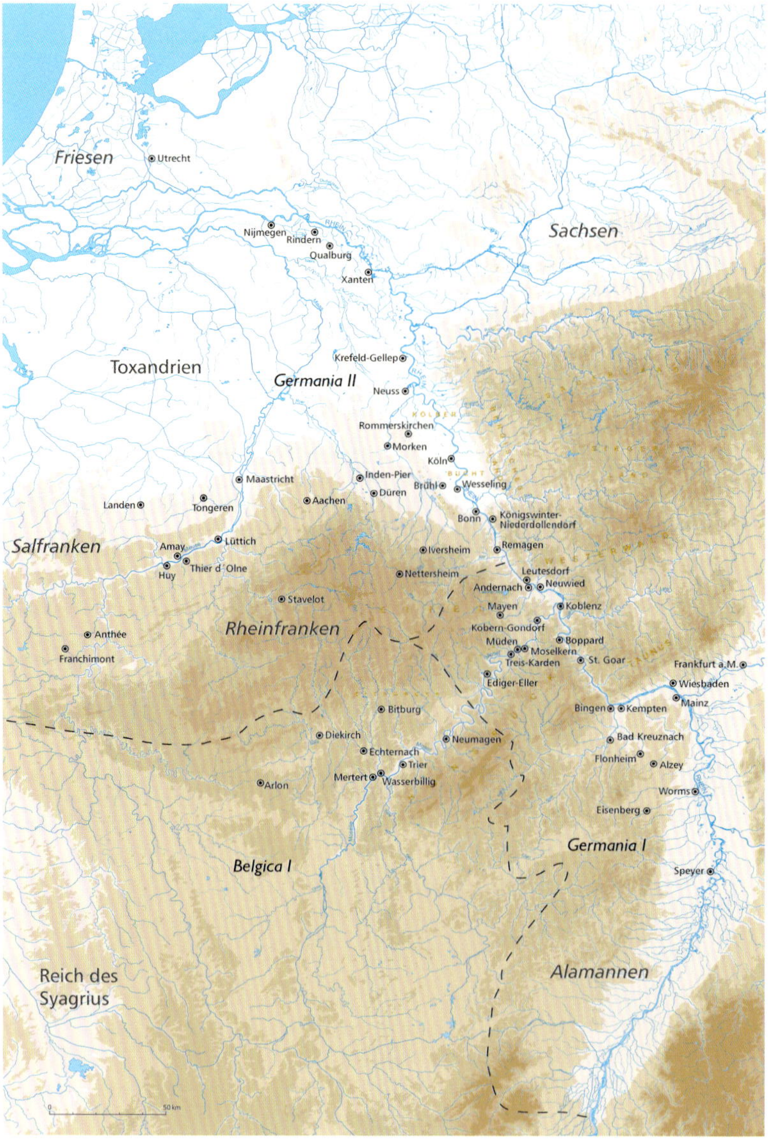

Das Rheinland in Spätantike und Frühmittelalter
mit Angabe bedeutender Fundorte

VON DEN GÖTTERN ZU GOTT

FRÜHES CHRISTENTUM IM RHEINLAND

RHEINISCHES LANDESMUSEUM BONN DES
LANDSCHAFTSVERBANDES RHEINLAND
RHEINISCHER VEREIN FÜR DENKMALPFLEGE
UND LANDSCHAFTSSCHUTZ

100 Jahre
Rheinischer Verein
Für Denkmalpflege und Landschaftsschutz
1906 – 2006

LANDSCHAFTSVERBAND RHEINLAND LVR
Qualität für Menschen

INHALT

FÖRDERER UND LEIHGEBER

AUSSTELLUNG UND BEGLEITFÜHRER ENTSTANDEN MIT MASSGEBLICHER UNTERSTÜTZUNG VON:

Sozial- und Kulturstiftung des Landschaftsverbandes Rheinland
Regionale Kulturförderung des Landschaftsverbandes Rheinland

LANDSCHAFTSVERBAND RHEINLAND LVR Qualität für Menschen

Nordrhein-Westfalen-Stiftung Natur, Heimat, Kultur

NRW-STIFTUNG NATUR · HEIMAT · KULTUR

Westdeutsche Landesbank

WestLB Bank der neuen Antworten

Erzbistum Köln

Kreissparkasse Köln

Kreissparkasse Köln

Sparkasse KölnBonn

Sparkasse KölnBonn

LEIHGEBER

Archäologischer Park – Regionalmuseum Xanten
Archäologisches Landesmuseum Baden-Württemberg, Rastatt
Archäologisches Museum, Frankfurt
Archäologisches Museum Haus Bürgel, Monheim
Bonnefantenmuseum Maastricht, Niederlande
Domkapitel, Aachen
Domschatzkammer, Aachen
Domschatzkammer, Köln
Herzog August Bibliothek, Wolfenbüttel
Historisches Museum der Pfalz, Speyer
Kathedralschatz, Kerkfabriek O.L. Vrouw Geboorte, Tongeren, Belgien
Kreismuseum, Neuwied
Kunsthistorisches Museum Wien, Österreich
La Cour d'Or, Musée d'Art et d'Histoire Metz, Frankreich
Landesamt für Denkmalpflege, Abteilung Archäologische Denkmalpflege, Koblenz
Landesamt für Denkmalpflege, Mainz
Landeshauptarchiv, Koblenz
Landesmuseum für Vorgeschichte, Halle
Landesmuseum Mainz
Landschaftsverband Rheinland, Rheinisches LandesMuseum Bonn
Leopold-Hoesch-Museum, Düren
Musée Archéologique, Dijon, Frankreich
Musée Archéologique, Namur, Belgien
Museum Burg Linn, Krefeld
Museum der Stadt Worms
Museum für Kunst und Kulturgeschichte Dortmund
Museum Het Valkhof, Nijmegen, Niederlande
Museum im Schloss, Bad Pyrmont
Museum bei der Kaiserpfalz, Ingelheim
Museum Wiesbaden
Nationalmuseet Kopenhagen, Dänemark
Niedersächsisches Landesmuseum, Hannover
Pfarrei St. Gereon, Köln
Provinciaal Gallo-Romeins Museum, Tongeren, Belgien
Rheinisches Landesmuseum, Trier
Römermuseum Augst, Schweiz
Römisches Museum, Remagen
Römisches Museum/Stadtarchäologie Augsburg
Römisch-Germanisches Museum, Köln
Schloßparkmuseum Römerhalle, Bad Kreuznach
Staatliche Münzsammlung, München
Staatliche Museen Kassel, Hessisches Museum für Vor- und Frühgeschichte
Statens Historiska Museer, Stockholm, Schweden
Stiftung Preußischer Kulturbesitz – Staatliche Museen zu Berlin, Antikensammlung
Stiftung Schleswig-Holsteinische Landesmuseen, Schloß Gottorf, Schleswig
Tiroler Landesmuseum Ferdinandeum, Innsbruck, Österreich
Universitätsbibliothek Freiburg
Württembergisches Landesmuseum, Altes Schloß, Stuttgart

VORWORT DER HERAUSGEBER

Die Ausstellung *Von den Göttern zu Gott. Frühes Christentum im Rheinland* ist in der jüngeren Zeit nach *Roots/Wurzeln der Menschheit* die zweite archäologische Ausstellung des Rheinischen LandesMuseums Bonn, in der die bedeutendsten Objekte des Hauses präsentiert werden. Die Zeugnisse der Spätantike und des frühen Christentums sind im Rheinland besonders häufig und prominent. Daher bilden die reichen Fundbestände des Rheinischen LandesMuseums Bonn die Basis der Ausstellung, natürlich mit einem Schwerpunkt auf den Funden mit christlichem Charakter. Das Spektrum wurde durch bedeutende Funde anderer Museen aus dem ganzen Rheinland ergänzt, denen an dieser Stelle für die großzügige Überlassung der Leihgaben herzlich gedankt sei.

Die Fragen nach dem Zeitpunkt, dem Durchdringungsgrad und der Nachhaltigkeit der Christianisierung gehören zu den intensiv untersuchten und nach wie vor aktuellen Desideraten der archäologischen Forschung. Dies gilt nicht nur regional: Stets sind sie verknüpft mit der Erkenntnis von Kontinuitäten und Brüchen, von gegenseitigen ethnischen Beeinflussungen zwischen Romanen und Germanen, von sozialen Nivellierungen und den Differenzen zwischen Stadt und Land. Diese methodischen Ursächlichkeiten führen oft zur Entwicklung von Interpretationsmodellen, die je nach Forschungsstand schnell revidiert werden müssen oder sich für lange Zeit halten können.

Es erschien reizvoll, 15 Jahre nach der Ausstellung *Spätantike und frühes Mittelalter* im Rheinischen LandesMuseum Bonn zu versuchen, auf der Basis neuer Funde, eines neuen Forschungsstandes und eines geänderten Konzeptes diese Fragen wieder aufzugreifen. Mit der Präsentation der neuesten Forschungsergebnisse zu den Kirchengrabungen des 20. Jahrhunderts in Xanten, Köln und Bonn wird der Öffentlichkeit zudem Rechenschaft abgelegt über die vergangenen Jahrzehnte des Grabens und Forschens nach den Ursprüngen des Christentums im Rheinland.

Die Gliederung des Begleitführers entspricht der Gliederung der Ausstellung. Er liefert gemeinsam mit der soeben erschienenen Monografie *Frühes Christentum im Rheinland* von Sebastian Ristow die wichtigsten Grundlagen zum Verständnis der Ausstellung im Rheinischen LandesMuseum Bonn.
Ausstellung und Publikation entstanden in einer überaus gelungenen Kooperation des Rheinischen LandesMuseums Bonn mit dem Rheinischen Verein für Denkmalpflege und Landschaftsschutz, der in diesem Jahr sein 100-jähriges Bestehen feiert. Besonders hilfreich für das Gelingen des Projektes war es sicher, dass sich das Arbeitsgebiet des Rheinischen Vereins, die alte Preußische Rheinprovinz, mit dem betrachteten Raum der römischen Provinzen *Germania prima/secunda* und *Belgica prima* nahezu deckt.
Herzlicher Dank gilt zunächst den Kuratoren der Ausstellung, die mit großem Engagement und einem übersichtlichen Budget die Umsetzung des Projektes betrieben haben.
Unser herzlicher Dank sei allen Leihgebern, Sponsoren, den Verfassern der Aufsätze sowie allen Beteiligten des Rheinischen LandesMuseum Bonn ausgesprochen. Gerade letztere haben wiederum das Kunststück vollbracht, eine informative und besucherorientierte Ausstellung zu kreieren, die dem rheinischen Museumspublikum ein auch regionalgeschichtlich bedeutendes Thema erschließt.

Bonn, Dezember 2006

Dr. Gabriele Uelsberg
Rheinisches LandesMuseum Bonn

Dr. Norbert Heinen
Rheinischer Verein für
Denkmalpflege und
Landschaftsschutz e.V.

EINLEITUNG

In zahlreichen Ausstellungen wurden die Spätantike und die Zeit des Frühen Christentums in den römischen Provinzen am Rhein in den vergangenen Jahrzehnten thematisiert. Im Römisch-Germanischen Museum der Stadt Köln die *Römer am Rhein*, im Römisch-Germanischen Zentralmuseum in Mainz *Gallien in der Spätantike*; das Liebighaus in Frankfurt zeigte 1983/84 *Spätantike und Frühes Christentum*, ebenso wie das Rheinische LandesMuseum Bonn 1991 die Ausstellung *Spätantike und frühes Mittelalter*. In der ehemaligen Provinzhauptstadt der Belgica Prima sah man 1984 *Trier – Kaiserresidenz und Bischofssitz*, auch die großen Franken- und Alamannen-Ausstellungen in Mannheim 1996/97 und Stuttgart 1997 präsentierten rheinisches Fundmaterial dieser Epoche in entsprechenden Kontexten.
Dabei wurde der Schwerpunkt stets auf die Präsentation von Objekten und Denkmälern mit erkennbar christlichem Charakter gelegt. Der Frage, ob die Benutzer oder Besitzer dieser Objekte tatsächlich dem christlichen Glauben angehörten, gingen diese früheren Ausstellungsprojekte selten nach. Auch Aspekte des religiös-kultischen und gesellschaftlichen Umfeldes derartiger Funde blieben bislang meist unbeachtet, weshalb die Objekte jenseits ihrer ästhetischen Wirkung und Zeichendeutlichkeit einer breiteren Öffentlichkeit oftmals sehr isoliert, ja geradezu abstrakt erscheinen.
Die Ausstellung *Von den Göttern zu Gott. Frühes Christentum im Rheinland* verlässt bekannte Pfade und untersucht die Christianisierung des Rheinlandes vor dem Hintergrund der politischen und gesellschaftlichen Verhältnisse der römischen und fränkischen Machthaber. Zielrichtung des Projektes *Von den Göttern zu Gott* war eine Darstellung verschiedener, zum Teil sehr komplexer historischer und kultureller Entwicklungen innerhalb der großen Umbruchzeit zwischen der antiken Welt und dem Mittelalter. Dabei kann es nicht um das bloße Aneinanderreihen von Sachzeugnissen gehen. Den Hintergrund der unterschiedlichen Lebenswirklichkeiten, sei es der paganen Antike, sei es im spätantiken Christentum oder der entstehenden frühmittelalterlich-christlichen Welt gilt es in einer Art zu beleuchten, dass die Menschen in ihrer Zeit hinter den erhaltenen Denkmälern erkennbar bleiben. Obwohl die Schriftquellen im Verhältnis zu anderen Perioden relativ spärlich vorliegen, finden in der Ausstellung auch diese Berücksichtigung. So entsteht ein Bild vom tiefgreifenden Wandel in der Glaubenswelt, aber auch im militärischen und künstlerischen Bereich, im Landesausbau und der Besiedlungsintensität.
Daraus ergeben sich Erzählstränge, die sowohl Kontinuitäten wie auch Brüche in der Chronologie wie in den jeweiligen staatlichen und gesellschaftlichen Strukturen verdeutlichen. Sie stellen den zähen Verlauf der Christianisierung breiter Bevölkerungsschichten ebenso heraus wie etwa die bewahrenden Strukturen alter germanischer Kulte, auch noch Jahrhunderte nach der Bekehrung Chlodwigs zum christlichen Glauben im Jahre 508. So erkennt man grundsätzlich unterschiedliche Voraussetzungen für die Re-

zeption des neuen Glaubens bei Romanen und Germanen, allein aufgrund der divergierenden, ethnisch bedingten Vorstellungen von Staat, Gesellschaft und Religion.
Schon der Beginn des betrachteten Zeitraums, die Epoche der Spätantike, ist so vielfältig und oft auch apodiktisch mit dem Untergangsszenario des römischen Weltreichs konnotiert, das ein unverstellter Blick auf die Transfusion des christlichen Glaubens von der romanischen auf die germanische Bevölkerung des Rheinlands schwerfällt. Dies wird besonders deutlich, wenn man sich anhand der Ausstellungsobjekte die unterschiedliche Bilderwelt der romanisch-spätantiken wie der germanisch-frühmittelalterlichen Gesellschaft vergegenwärtigt.
Auch aus der frühmittelalterlichen Epoche, die die umfangreiche Neugründung von Kirchen in den alten antiken Zentren mit sich bringt, dann etwas später die Entwicklung auf dem Land und die Anfänge des Klosterwesens folgend, haben bedeutende Denkmäler des Rheinlandes und der Nachbarregionen ihren Weg in die Ausstellung gefunden. Die städtischen Zentren der Römerzeit sind seit langem auf das Engste mit der Christianisierung des Rheinlandes verbunden, da ihnen die Mittlerrolle nach der Machtübernahme der Franken zukommt. Wie die neue Staatsreligion auf eine Gesellschaft übertragen wurde, die sich offenkundig gar nicht als einheitlichen Staat empfand, ist eine weitere Frage, der die Ausstellung nachgeht.
Wenn auch in vielen Lebensbereichen dieser frühmittelalterliche Wandel sehr umfassend war, kann doch überraschend oft ein direkter Aufbau auf antiken Fundamenten festgestellt werden, wobei dies punktuell durchaus wörtlich zu verstehen ist. Dies gilt auch für den kirchlich-liturgischen Bereich. Probleme bereiten jedoch die frühe christliche Architektur und ihre Erkennbarkeit. Kirchen des 4. Jahrhunderts sind im Rheinland fast ausschließlich aus Schriftquellen bekannt, nur in Trier jedoch auch als greifbarer archäologischer Befund. Ab dem 6. Jahrhundert lassen sich dann die neuen – christlichen – Strukturen gut ausmachen. Bauten entstehen, die sich, schon an ihren architektonischen Resten ablesbar, deutlich als Kirchen ausweisen. Ein abschließender Bereich beleuchtet die karolingische Welt, die die Grundlagen des christlichen Mittelalters bildet. Der Zeitrahmen der Ausstellung spannt sich damit bis in das 8. und 9. Jahrhundert, ohne die Karolingerzeit auch nur ansatzweise in ihrer Komplexität abdecken zu wollen und zu können. Das Ziel dieses Ausstellungsabschnittes ist es vielmehr, Grundzüge der Entwicklung des Kirchenbaus, der frühen Klostergründungen sowie der frühmittelalterlich-karolingischen Liturgie darzustellen, die in der flächenhaften und breite Bevölkerungsschichten erreichenden Hinwendung zum katholischen Christentum den Weg für das christlich geprägte Abendland ebneten.
Aus gutem Grund sind die Befunde der Kirchengrabungen in Xanten, Köln, Bonn und Boppard für die Ausstellung auf dem aktuellen Forschungsstand

Goldene Zwiebelknopffibel des 4. Jahrhunderts aus einem Grab an der Jakobstraße in Bonn.
Sie wurde einem Offizier verliehen und ist mit einem Christogramm verziert.

Christogramm am Kopfende der Fibel

Goldglasfragment einer Schale des 4. Jahrhunderts aus Köln; der abgebildete Wundertäter entstammt einer christlichen Szenenfolge.

aufbereitet worden. Die Methode, anhand der Bauphasen und schematischen Rekonstruktionen einen Diskussionsbeitrag zu deren Deutung als christliche Kirche zu leisten, schien gerade aufgrund der neuen Forschungsergebnisse der letzten 15 Jahre gewinnbringend, da sich genau an diesem Punkt deutliche Korrekturen ergeben haben.
Unter dem Dach der Ausstellung sind insofern sehr komplexe Inhalte vereinigt, die besondere Anforderungen an die wissenschaftliche Begleitung des Projektes stellen. Ein solches Unternehmen kann nur gelingen, wenn die jeweiligen Fachrichtungen zusammenarbeiten und ihren methodisch sauber erarbeiteten Forschungsstand subsumieren. Insofern ist es nicht vom Zufall bestimmt, dass die Ausstellung am Rheinischen LandesMuseum Bonn ihren Platz hat, das an einem für die deutsche Spätantikeforschung maßgeblichen Ort angesiedelt ist. Neben dem Rheinischen LandesMuseum bestehen bedeutende Institute der archäologischen Fachdisziplinen an der Universität Bonn. Im benachbarten Köln existieren ebenfalls universitäre und museale Forschungs- und Sammlungsschwerpunkte in der Spätantike, wie das Archäologische Institut der Universität zu Köln, dazu mit dem Rheinischen Verein für Denkmalpflege und Landschaftsschutz eine überregional wirkende Institution, zu deren traditionellen Tätigkeitsinhalten auch die frühchristliche Archäologie des Rheinlands zählt. Die Wissenschaftler der genannten Institute und Institutionen haben maßgeblichen Anteil an der Umsetzung des transdisziplinär erarbeiteten Ausstellungskonzeptes.
Nicht alle Inhalte eines so weitgefächerten Programms können im Rahmen einer Ausstellung auch vertieft werden. An dieser Stelle ermöglicht das Begleitbuch einen tieferen Einstieg in einige der Themenfelder. Fachwissenschaftler unterschiedlicher archäologischer und historischer Ausrichtung untersuchen im Wechsel mit der herausgehobenen Einzelbesprechung ausgewählter Einzelexponate verschiedene Fragen genauer.
Die Kuratoren wünschen den Besuchern viel Freude, Erkenntnis und ein anregendes Erlebnis. Wir möchten ihnen mit dieser Handreichung zudem die Möglichkeit geben, ein Stück der Ausstellung gewissermaßen mit nach Hause nehmen zu können.

Lothar Altringer
Thomas Otten
Sebastian Ristow
Winfried Schmitz

Im Jahr 457 hatte Aegidius nach erfolglosen Abwehrkämpfen Köln den Franken überlassen müssen. Der gallische Aristokrat war vom römischen Kaiser zum *comes et magister utriusque militae per Gallias* bestellt worden. Ihm oblag damit das militärische Kommando für die gallischen und germanischen Provinzen. Aegidius zog sich nach Südfrankreich zurück, wo es ihm zumindest gelang, Lyon für die Römer zurückzugewinnen und Arles gegen die Westgoten zu verteidigen. Mit dem Abzug des Aegidius endet die etwa 500 Jahre währende römische Herrschaft am Rhein. Viele ländliche Gebiete waren zu dieser Zeit bereits aufgegeben worden, die *villae rusticae* zerstört oder verödet. In den Kastellen lagen Garnisonen, die zu einem großen Teil aus Franken bestanden und von fränkischen Kommandeuren befehligt wurden.
Die Spätantike, also der Zeitabschnitt von Constantin dem Großen (306 bis 337) bis zur Regierung Kaiser Justinians (527 bis 565), endete am Rhein also bereits in der Mitte des 5. Jahrhunderts, wogegen sie in den südlicheren Teilen Galliens bis an das Ende des Jahrhunderts währte. An den Grenzen des Reiches ist diese Epoche geprägt durch die Einfälle und Zerstörungen der Franken und Alamannen. Zwischenzeitlich gab es aber auch Phasen einer Konsolidierung, eines mutigen und trotzigen Neuanfangs. Die römischen Kaiser Constantin und Constans, Julian und Valentinian und die in römischen Diensten stehenden Heermeister Silvanus, Arbogast, Stilicho und Aetius unternahmen energische Versuche, die Grenze am Rhein zu stabilisieren. Sie erneuerten Mauerringe, errichteten Kastelle und schlossen mit den Franken Verträge, die ihnen ein Verbleiben im römischen Reich zugestanden, wenn sie zur Verteidigung der Grenzen beitrugen. Immer wieder waren bei den Kriegen zwischen legitimen Kaisern und Usurpatoren die am Rhein stationierten Truppen abgezogen worden, wodurch die Bevölkerung in den Provinzen den Plünderungszügen der Germanen schutzlos ausgesetzt war. Trotz dieser Bedrohung blieb ein Teil der römischen Bevölkerung an Rhein und Mosel, auch über die Mitte des 5. Jahrhunderts hinaus. Die Romanen, wie die Römer in Abgrenzung zu den inzwischen im Reichsgebiet angesiedelten Germanen bezeichnet werden, hatten sich in die Kastelle zurückgezogen, die am Oberen Mittelrhein angelegt worden waren, in Bonn, Remagen, Andernach, Koblenz, Boppard und Bingen. Andere waren in die Städte Köln, Trier oder Mainz gezogen, um dort Schutz zu suchen. So endet zwar um 450 die Epoche der römischen Herrschaft an Rhein und Mosel, doch die Geschichte der Römer war noch nicht zu Ende. Die Romanen vermittelten viele antike Traditionen, insbesondere die christliche Religion, an die Franken, die nun die Herrschaft übernommen hatten. Damit war die Grundlage geschaffen für eine neue germanisch-romanische Mischkultur, die von gegenseitiger Einflussnahme geprägt war.
Bereits im 3. Jahrhundert hatte es Vorboten einer Zeit der Bedrohung und Zerstörung gegeben, wie die Römer sie bis dahin nicht gekannt hatten.

Nach der Auflösung des Gallischen Sonderreichs waren 275 n. Chr. Alamannen in Obergermanien und Franken in Niedergermanien eingedrungen. Köln und das Legionslager in Bonn blieben zwar verschont, doch Trier wurde von den Franken verwüstet. Betroffen waren auch viele Gutshöfe und gewerbliche Betriebe, die die fruchtbaren Böden und die Rohstoffe in der Eifel und am Niederrhein intensiv genutzt hatten. An vielen Stellen wurden die Schäden beseitigt, ein Neuanfang gewagt. Es folgte eine Zeit relativer Stabilität, die bis zur Mitte des 4. Jahrhunderts erhalten blieb. Die Kaiser Diocletian und Constantin hatten dafür die Grundlagen gelegt. Um die im 3. Jahrhundert so häufigen Fälle der Machtergreifung starker Statthalter zu verhindern und die Verwaltung effektiver zu gestalten, hatte Diocletian die Provinzen verkleinert und ziviles und militärisches Kommando getrennt. Im Zuge der Provinzreform wurde der südliche Teil der Provinz Obergermanien als eigenständige Provinz (Sequania) abgetrennt. Maßgeblich bestimmt wurde die Lage in den neuen Provinzen *Germania prima*, *Germania secunda* und *Gallia prima* durch den Umstand, dass Constantius, als Caesar in die diocletianische Tetrarchie aufgenommen, Trier zu seiner Residenz machte, für deren repräsentative Ausgestaltung sein Sohn, Kaiser Constantin, sorgte. Zwar hielt sich Constantin nach seinem Sieg über Licinius weitgehend im Osten des Römischen Reiches auf, doch Trier blieb während des gesamten 4. Jahrhunderts, von kurzen Unterbrechungen abgesehen, kaiserliche Residenz. Von hier aus wurden die Geschicke der gallischen, germanischen und britannischen Provinzen gelenkt. Die Stadt erlebte dadurch einen weiteren prächtigen Ausbau. Auch die Provinzen am Rhein profitierten davon, denn die Stadt Trier war von einer gesicherten Grenze abhängig. Die in Mainz stationierte 22. Legion erhielt von Kaiser Constantin den Auftrag, auf der rechten Rheinseite gegenüber der Provinzhauptstadt Köln ein großes Kastell zu errichten. Eine auf steinernen Pfeilern ruhende Brücke, gebaut zwischen 308 und 310, führte von der Stadt der Agrippinenser zu dem im Jahr 315 fertiggestellten Kastell *Divitia* (Deutz). Durch diese Maßnahmen gelang es, Einfälle der Franken abzuwehren. Steinbrüche, Kalk- und Ziegelbrennereien lieferten noch die Materialien, die zum Bau der Kastelle und Befestigungsanlagen benötigt wurden.

In der Mitte des 4. Jahrhunderts fand die Zeit der Konsolidierung, ja der prachtvollen Neugestaltung der Städte und neu errichteter ländlicher Villen ein jähes Ende. 350 hatte sich Magnus Magnentius in Autun zum Kaiser ausrufen lassen. Von seiner Herkunft her ein Franke, hatte Kaiser Constans ihm ein hohes militärisches Kommando anvertraut. Nach seinem Sieg über Constans wurde er im gesamten Westen anerkannt. Doch als Magnentius für den bevorstehenden Kampf gegen Constantius II. zahlreiche Truppenkontingente vom Rhein abzog, nutzten Franken und Alamannen die Gelegenheit und griffen auf das linksrheinische Gebiet über. Die Alamannen eroberten das gesamte Gebiet von Basel bis nördlich von

Mainz und vernichteten die dort stationierten Truppen, darunter auch die 22. Legion in Mainz. In die Provinz *Germania secunda* fielen die Franken ein und zerstörten bei ihren Zügen tief in das Innere Galliens zahlreiche Städte, Siedlungen und Gutshöfe. Selbst befestigte Anlagen wie die Militärlager in Bonn und Neuss hielten den Angriffen nicht stand. Münzhorte und notdürftig begrabene Skelette im Bereich des Bonner Lagers zeugen von den verheerenden Zerstörungen. Nur Köln hatte sich dank seiner guten Befestigungsanlagen inmitten des von Franken verwüsteten Landes behaupten können. Der im Kampf gegen Magnentius siegreiche Constantius II. beauftragte seinen Heermeister Silvanus, ebenfalls Sohn eines in römischen Diensten stehenden Franken, die Reichsgrenze zu sichern. Doch die Ausrufung des Silvanus zum Kaiser band erneut militärische Kräfte, so dass die Franken 355 angriffen und nach zweimonatiger Belagerung auch Köln einnahmen. Zahlreiche öffentliche Gebäude und Wohnhäuser wurden zerstört.

Eine abermalige Wende brachte erst das Eingreifen Julians. Der von Constantius zum Caesar ernannte Julian hatte Truppen in Gallien gesammelt und gewann viele Städte am Rhein zurück. Er zwang die Franken zum Abzug, andere siedelte er in der Provinz an und verpflichtete sie zur Verteidigung der Grenze. Aus Britannien wurde die Bevölkerung mit Getreide versorgt, und Festungen wie die in Bonn und Dormagen wurden wieder hergestellt. Die Zivilbevölkerung wurde mit in den Mauerring einbezogen. Die römischen Städte und Siedlungen verloren in dieser Zeit viel von ihrem zivilen Charakter; die fortifikatorischen Elemente traten nun sichtbar zutage. Diese Periode scheinbarer Stabilität währte in der Zeit Kaiser Valentinians (364 bis 375) fort, der Trier wieder zu seinem Herrschaftszentrum machte. Da immer wieder Angriffe der Alamannen und Franken abzuwehren waren, wurden die Grenzbefestigungen erneut verstärkt. In dieser Zeit des trügerischen Friedens wurde auch außerhalb der Städte wieder Landwirtschaft betrieben. In einigen *villae rusticae* versuchte man einen Neuanfang, und in Köln wurden in jenen Jahrzehnten Großbauten wiederhergestellt oder neu errichtet, so zum Beispiel das Praetorium und vor den Toren der Stadt der kühne Memorialbau, der später den Kern der Kirche St. Gereon bildete. Die Kämpfe zwischen dem Usurpator Magnus Maximus und Kaiser Theodosius führten dann erneut zu Einfällen der Franken, wobei Kommandeure fränkischer Herkunft immer mehr an Bedeutung gewannen. Als *magistri militum* leiteten sie die Geschicke der Provinz; nur Kaiser werden konnten sie noch nicht, auch wenn der Franke Arbogast über mehr Machtmittel verfügte als der legitime Kaiser. Dasselbe gilt für den Wandalen Stilicho, der durch Verträge die links des Rheins gebliebenen Franken in die Grenzverteidigung einband. Die Garnisonen hatten zu dieser Zeit bereits einen gemischten Charakter; neben die Romanen waren germanische Grenzsoldaten getreten.

Als Stilicho wegen der Einfälle der Westgoten nach Italien und Unruhen in Nordafrika Truppen vom Rhein abziehen musste, folgte 406/407 die zweite Katastrophe. Verbände der Alanen, Sueben und Wandalen drangen am Mittelrhein auf römisches Gebiet vor, stießen weit nach Gallien vor, in Teilen sogar bis auf die iberische Halbinsel. Rom hatte keine ausreichenden militärischen Mittel mehr, sie aus den Provinzen zu vertreiben. Auch wenn von diesem Einfall das Gebiet südlich von Koblenz stärker betroffen war als das Niedergermaniens, so begann doch ein Zerfall des römischen Provinzgebietes in lokale Herrschaften, alte, die sich halten konnten, neue, die sich etablierten. Ein Usurpator, der sich in Britannien zum Kaiser ausrufen ließ, konnte die Situation ebenso wenig längerfristig stabilisieren wie der von den Alanen und Burgundern zum Kaiser akklamierte Iovinus. Eine geschlossene Verteidigungslinie gab es nicht mehr; in den Kastellen versuchten sich die dort ansässig gewordenen Garnisonen zu halten, so gut es ging. Die Zeiten einer funktionierenden Selbstverwaltung der Städte waren vorbei. Große Teile der Provinz waren in den Händen der Franken.
Ein letzter und erfolgloser Versuch, die römische Herrschaft noch einmal zu etablieren, wurde 428 von dem Heerführer Aetius unternommen. Er schloss mit fränkischen Machthabern, die wie Kleinkönige eine regional begrenzte Herrschaft ausübten, Verträge, die die letzten Inseln der römischen Herrschaft in ihre Machtsphäre übernommen hatten. Wie friedlich oder gewaltsam dieser schrittweise Übergang von einer römischen zu einer fränkischen Herrschaft war, lässt sich nicht mehr rekonstruieren. Bemerkenswert ist aber, dass sich – stärker als am Niederrhein und im Oberrheingebiet – zwischen Köln und Worms und an der Mosel viele römische Traditionen halten konnten, was auf eine relativ starke Bevölkerungskontinuität zurückzuführen ist. Auch wenn im 5. Jahrhundert die gallischen und germanischen Provinzen an die Franken verloren gingen, so hatten doch die wiederholten energischen Maßnahmen einer Sicherung und Rückeroberung dieser Gebiete dafür gesorgt, dass römische Lebensformen, die Sprache und vor allem das Christentum das Leben auch in fränkischer Zeit nachhaltig prägten.
Winfried Schmitz

Literatur: Imperium Romanum. Römer, Christen, Alamannen – Die Spätantike am Oberrhein, Ausstellungskatalog Karlsruhe, Darmstadt 2005; M. Knaut/D. Quast (Hg.), Die Völkerwanderung. Europa zwischen Antike und Mittelalter, Stuttgart 2005; M. Todd, Die Zeit der Völkerwanderung, Stuttgart 2002; W. Eck, Köln in römischer Zeit. Geschichte der Stadt Köln, Band 1, Köln 2004; S. Ristow, Frühes Christentum im Rheinland. Die Zeugnisse der archäologischen und historischen Quellen an Rhein, Maas und Mosel, Jahrbuch 2006 des Rheinischen Vereins für Denkmalpflege und Landschaftsschutz e.V., Köln 2006

DER NIEDERGANG DER RÖMISCHEN HOCHZIVILISATION – WEGBEREITER FÜR EINE NEUE RELIGION?

Über die Anfänge des Christentums im Rheinland schweigen die Quellen. Die ersten sicheren Zeugnisse stammen erst vom Anfang des 4. Jahrhunderts. Im Sommer 313 hat Kaiser Constantin drei gallische Bischöfe beauftragt, sich nach Rom zu begeben, um mit dem dortigen Bischof Miltiades den in der nordafrikanischen Kirche ausgebrochenen Streit um die Besetzung der Bischofsstühle, den Donatistenstreit, beizulegen. Einer der drei von Constantin ausgewählten Bischöfe war Maternus, der Bischof von Köln, den der Kaiser wahrscheinlich bei Aufenthalten in Köln oder Trier kennengelernt hatte. Die Teilnahme des Kölner Bischofs an der Synode von Rom und – zusammen mit dem Diakon Macrinus und vielen anderen gallischen Bischöfen – ein Jahr später in Arles sind unbezweifelbare Zeugnisse dafür, dass das Christentum auch im Rheinland Fuß gefasst hatte und inzwischen eine klerikale Organisation entstanden war. Wie groß die christliche Gemeinde in Köln oder in anderen Städten und Siedlungen im Gebiet von Rhein und Mosel war, entzieht sich unserer Kenntnis. Auch können wir die Frage nicht beantworten, wie weit die Geschichte der christlichen Gemeinden zurückreicht. Es gibt immerhin einige Anhaltspunkte dafür, dass zumindest in den Provinzhauptstädten und in Trier christliche Gemeinden bereits im 3. Jahrhundert bestanden. Da sich in dieser Zeit Christen in einfachen Wohnhäusern versammelten, deren Besitzer einen Raum für Gottesdienste hergerichtet und der Gemeinde zur Verfügung gestellt hatten (sogenannte Hauskirchen), und die Christen keine Weihesteine aufstellten, haben die frühen christlichen Gemeinden keine Zeugnisse in der materiellen Überlieferung hinterlassen. Auch im öffentlichen Leben hielten sich die Christen in der Regel zurück, weil viele Aufgaben städtischer Funktionsträger mit Kulthandlungen für die römischen Götter verbunden waren.
Auch wenn die Christen am Anfang des 4. Jahrhunderts sicherlich noch eine Minderheit bildeten, so konnte sich das Christentum aufgrund der Protektion und Förderung des Kaiserhauses rasch ausbreiten. Am deutlichsten wird die Entwicklung in Trier, wo in zentraler Lage der Stadt und in unmittelbarer Nähe zum kaiserlichen Palast im Laufe des 4. Jahrhunderts ein großer, aus vier Basiliken bestehender Gebäudekomplex errichtet wurde, der schließlich eine Doppelkirchenanlage bildete. Unter der heutigen Liebfrauenkirche befand sich eine bedeutende Memorialstätte, von der zahlreiche christliche Akklamationen in Form von Graffiti auf zwei Chorschranken zeugen. Wenn auch nicht so früh und so monumental wie in Trier, entstanden im Laufe des 4. Jahrhunderts auch andernorts Kirchen. Für das Jahr

Vorhergehende Doppelseite: Der älteste nachgewiesene Vorgängerbau unter dem Bonner Münster ist eine *cella memoriae*, ein Grabbau aus einer niedrigen Bruchsteinmauer, die als Sitzbank fungierte, einer nach Norden abschließenden Trockenmauer und zwei gemauerten Tischblöcken. Der Bau datiert in das 4. Jahrhundert.

Bronzekanne und Sieb aus einem Hortfund des 4. Jahrhunderts, gefunden an der Außenmauer des spätrömischen Kastells Haus Bürgel. Das Kastell liegt heute am rechten Rheinufer bei Monheim und war vom 4. bis Mitte des 5. Jahrhunderts besetzt.

Die unter Kaiser Constantin begonnene Palastaula in Trier gehört zu den am besten erhaltenen spätantiken Architekturbefunden des römischen Reichs. Der Bau vermittelt auch heute noch eine gute Vorstellung vom imperialen Anspruch dieser Architektur in der spätantiken Kaiserstadt Trier.

Das Innere der Palastaula ist klar gegliedert und unterstützte mit seiner Raumaufteilung die Steigerung der Bedeutungsgröße des Herrschers, der in der Apsis seinen Platz hatte. Der Saalbau, im Trierer Volksmund »Basilika« genannt, dient heute der evangelischen Kirche als Gotteshaus, war aber ursprünglich kein kirchlicher Bau.

355 ist für Köln ein Versammlungsraum der Christen, ein *conventiculum ritus Christiani*, belegt. Ob es sich dabei um die »Bischofskirche« handelt, ist nicht zu beweisen. Gesichert ist eine solche unter dem Kölner Dom erst für die zweite Hälfte des 6. Jahrhunderts, doch könnte auch schon der Vorgängerbau ein christlicher Bau gewesen sein. Ob es sich dabei um eine Kirche handelte oder, nach dem Vorhandensein der fränkischen Gräber zu urteilen, primär um einen Memorialbau, ist nicht sicher zu entscheiden. Ein in das 6. Jahrhundert zu datierendes Taufbecken lag im Osten dieser Anlage. Auch in Bonn wurde im aufgegebenen Areal des Legionslagers zu einem unbekannten Zeitpunkt eine Kirche errichtet; die Baugeschichte der frühen Dietkirche ist jedoch ungeklärt. An anderen Orten wie in Boppard entstanden in nicht mehr genutzten Badeanlagen oder anderen Gebäuden durch Um- und Einbauten Kirchen, auf den außerhalb der Stadt- oder Kastellmauern liegenden Friedhöfen wurden kleine Totengedenkstätten christlich genutzt, die so zum Nucleus späterer Kirchenbauten wurden. Die Christianisierung des Rheinlands war ein langandauernder und nicht immer geradlinig verlaufender Prozess. Zeugnisse der religiösen Neuorientierung sind Grabbeigaben mit christlichen Symbolen und Darstellungen. Schliffgläser und Gläser mit Golddekor aus dem 4. Jahrhundert, Fibeln und Ringe mit Christogrammen und Bronzebeschläge von kleinen Holzkästchen mit christlichen Szenen verweisen darauf, dass auch Angehörige einer reichen Oberschicht zum Christentum übergetreten waren und christliche Motive Eingang in das Bildrepertoire gefunden hatten.

Der spätantike Beinkamm aus den Grabungen um den Kölner Dom ist auf der Griffplatte mit einem Kreuz verziert. Insgesamt befinden sich unter den vielen tausend Funden aus der Kölner Domgrabung nur zwei, deren Verzierung als frühchristlich angesehen werden kann.

Besonders gut ist die Hinwendung zum Christentum an den Grabinschriften zu verfolgen. Die in Trier in konstantinischer Zeit, sonst seit etwa der Mitte beziehungsweise dem Ende des 4. Jahrhunderts beginnenden Grabsteine mit lateinischen Inschriften weisen überwiegend christliche Grabformeln oder Symbole auf. Unter den mehreren hundert Trierer Grabinschriften aus dem 4. bis 7. Jahrhundert finden sich nur vereinzelte, die als nichtchristliche Steine qualifiziert werden können. Ähnlich, wenn auch nicht mit

Der Gott Hercules erfreute sich im Rheinland besonderer Beliebtheit, insbesondere bei Angehörigen des Militärs. Als Symbol der Stärke, versinnbildlicht durch die knorrige, auf einen Felsbrocken gestützte Keule, fand Hercules bis zum Anfang des 4. Jahrhunderts religiöse Verehrung im Rheinland. Statuetten von römischen Göttinnen und Göttern aus späterer Zeit sind nicht mehr belegt.

Aufgrund der Romanisierung des Rheinlands traten neben die einheimischen Gottheiten der gallisch-germanischen Bevölkerung römische Götter und Göttinnen. Neben den Weihesteinen in den Heiligtümern künden vor allem kleine Bronzestatuetten von der Verehrung von Mars und Minerva, von Merkur, Venus und anderen Göttern. Als Göttin des Handwerks und des Krieges gehört Minerva zur kapitolinischen Trias, für die in Köln ein Heiligtum errichtet worden war. Die zahlreichen Heiligtümer und Bildnisse verschiedener Gottheiten im Rheinland sind Ausdruck für die grundsätzliche religiöse Toleranz der Römer.

so deutlichem Übergewicht, sieht es in den Städten und Kastellen am Rhein aus. Auch dort scheint sich das Christentum durchgesetzt zu haben, wie ein christlich geprägtes Inschriftenformular bezeugt. Die Angehörigen suchten Trost in der Vorstellung, dass die Verstorbenen »in Frieden« ruhten, »zu Gott« gegangen waren, im »Paradies« weilten. Gegenüber den Grabsteinen aus der frühen und hohen Kaiserzeit sind die Grabinschriften der Spätantike und des frühen Mittelalters stärker auf das Jenseits bezogen. Demgegenüber ist die soziale Position, die der Verstorbene im irdischen Leben innegehabt hatte, zweitrangig. Stärker als viele andere Zeugnisse zeigen diese Inschriften, wie stark verwurzelt das Christentum in den Städten und Siedlungen an Rhein und Mosel inzwischen war, Wurzeln, die auch nach der Übernahme der Herrschaft durch die Franken nicht abrissen.

Auch wenn die Kirchen- und Memorialbauten seit dem 4. und 5. Jahrhundert das städtische Bild veränderten, so lebten doch auch andere Religionen weiter. Manche Mithräen fanden bis in das 4. Jahrhundert hinein ihre Verehrer; an Darstellungen des Hercules knüpften sich vielleicht Hoffnungen, einen potenten Beistand gegen die vielfältigen Bedrohungen zu gewinnen. In Köln wurde mindestens bis zur Mitte des 4. Jahrhunderts die Göttin Isis verehrt. Insbesondere im ländlichen Raum hielten sich traditionelle religiöse Vorstellungen, und das Christentum fand erst in frühfränkischer Zeit größere Verbreitung. Allerdings ist der Nachweis der frühen Christen wegen der Beigabenlosigkeit der Bestattungen denkbar schwierig. Um 330 erfuhr das Matronenheiligtum in Bad Münstereifel-Nöthen einen groß angelegten Ausbau – wie zum Trotz gegen das aufstrebende Christentum in den Städten. Nach den Münzfunden wurde der Kult in diesem Heiligtum mindestens bis an den Anfang des 5. Jahrhunderts ausgeübt. Auf den noch spätantiken Grabsteinen aus dem ländlichen Raum fehlen jegliche Anzeichen für ein christliches Bekenntnis. Jenseits der Städte war also der Prozess der Christianisierung noch lange nicht abgeschlossen. Fränkische Grabsteine ohne Inschrift, wie sie in den Grenzzonen zu den von Romanen besiedelten Gebieten anzutreffen sind, weisen noch bis in das 7. Jahrhundert rein ornamentale oder synkretistisch anmutende Verzierungen auf.

Spätrömischer Bronzestempel in Fußform aus Wiesbaden, Länge 7,5 cm. Die spiegelverkehrte Inschrift eines Flavius Paulinus ist durch ein Christogramm erweitert. Wohl Siegel eines Handwerkers.

Fand das Christentum in Spätantike und in fränkischer Zeit einen so großen Anklang, weil allein der Christengott eine wirkungsvolle Hilfe ange-

Die spätrömische Gürtelschnalle aus Jülich zeigt den in der spätrömischen Militärtracht verbreiteten Kerbschnittdekor. Aufgrund der Verzierung des Schnallenbügels wird dieser Typus als Tierkopfschnalle bezeichnet. Spätes 4. bis frühes 5. Jahrhundert.

Das Bronzefragment ist Teil des Gesichtsschutzes eines Gladiatorenhelmes. Er wurde im Bereich des frührömischen Legionslagers *Vetera I* bei Xanten gefunden und steht möglicherweise im Kontext des zugehörigen Amphitheaters im Süden des Lagers. Die reliefierte Tierkampfszene zeigt einen Leoparden im Sprung auf einer Antilope.

sichts der so bedrohlichen Lage zu sein schien? Aufgrund der zahlreichen Brandschatzungen, Plünderungen und Zerstörungen dürfte diese Hoffnung bald tief erschüttert gewesen sein. Oder war es die so positive Vorstellung eines Friedens im Jenseits, eines Lebens im Paradies, was man im Diesseits so schmerzlich vermisste? Lag darin die Attraktivität der neuen Religion? Wir wissen es nicht. In einem anderen Punkt aber besteht größere Klarheit. Die sich auf die Städte und Provinzen stützende römische Verwaltung fand mit dem Abzug der kaiserlichen Zentrale und der gallischen Präfektur aus Trier sowie mit der weitgehenden Entsatzung ihr Ende. Die neuen fränkischen Herren im Rheinland kannten keine Dekurionen, Duumvirn oder Quaestoren, keine *protectores* oder *praesides*. In der Kirche aber bestand die antike klerikale Organisation fort. Die Bistümer in Trier, Mainz, Köln und Tongeren/Maastricht überdauerten den Wandel der Zeit. Die Grabinschriften bezeugen Presbyter, Diakone, Subdiakone und Lektoren. Die Kleriker wurden zu einer Instanz, an die sich die Menschen in der Zeit der Not wandten. Dass in Straßburg Bischöfe als Bauherren auftraten und für diese Bauten mit dem Namen des Bischofs gestempelte Ziegel anfertigen ließen, zeigt, in welchem Maße die Kirche öffentliche Funktionen übernommen hatte. In diesem Sinne war der Niedergang der römischen Kultur mit ihrer Infrastruktur und Grenzsicherung, der Verwaltung, Rechtsprechung und der wirtschaftlichen Verflechtung Wegbereiter für die Position und Macht der Kirche im Mittelalter.

Winfried Schmitz

Literatur: E. Dassmann, Die Anfänge der Kirche in Deutschland, Stuttgart 1993; W. Eck, Köln in römischer Zeit. Geschichte der Stadt Köln, Band 1, Köln 2004; H. Heinen, Frühchristliches Trier. Von den Anfängen bis zur Völkerwanderung, Trier 1996; Imperium Romanum. Römer, Christen, Alamannen – Die Spätantike am Oberrhein, Ausstellungskatalog Karlsruhe, Darmstadt 2005; S. Ristow (Hg.), Neue Forschungen zu den Anfängen des Christentums im Rheinland, Münster 2004; S. Ristow, Art. Köln, in: RAC 21, 2004, S. 176–216.

Glasschale aus einem Grab des späten 4. Jahrhunderts an der Kölnstraße in Bonn. Neben anderen alttestamentlichen Szenen sieht man einen Mann mit Fisch in der Rechten; sein Gegenüber mit Streifenbündel ist als Wundertäter gekennzeichnet.

Der goldene Fingerring aus Trechtingshausen trägt auf der quadratischen Platte ein Chi-Rho und die gängige frühchristliche Akklamation »vivas in deo« (lebe in Gott). Er datiert in das 4. oder 5. Jahrhundert.

Die Bevölkerung in den Nordwestprovinzen des römischen Reiches war – auch wenn sie uns im 2. und 3. Jahrhundert als kulturelle Einheit erscheint – ethnisch uneinheitlich. Die wichtigste Komponente waren ohne Zweifel Kelten, daneben gab es zugewanderte oder schon länger ansässige germanische Gruppen, und schließlich zogen aus allen Teilen des römischen Reiches Menschen zu, sei es, dass sie als Händler und Gewerbetreibende sich hier ansiedelten oder dass sie als Veteranen der Armee nach ihrer Entlassung im Land blieben.

Ähnlich vielfältig waren sicher auch die religiösen Vorstellungen und die Götter, die diese Menschen verehrten. Trotzdem gab es einheitliche Strukturen. Einheitlich war, dass alle – eingewanderte Juden ausgenommen – an die Existenz einer Vielzahl von Göttern glaubten: Ihre Religionen waren polytheistisch. Einheitlich war, dass der römische Staatskult und der Kaiserkult für alle Einwohner des Imperium Romanum eine gewisse Verbindlichkeit besaßen. Und einheitlich war schließlich, dass – auch im ganzen Reich – sich seit dem 1. Jahrhundert die sogenannten Mysterienreligionen ausbreiteten.

Die Zahl der aus den gallischen und germanischen Provinzen inschriftlich überlieferten einheimischen Götternamen ist sehr hoch. Es scheint, dass jeder gallische Stamm seine eigenen Götter hatte und nur ganz wenige Gottheiten überregional verbreitet waren. So gab es für die Menschen für alle Dinge, die sie bewegten und die ihr Leben bestimmten und in denen sie höhere Hilfe für nötig hielten, verschiedene göttliche »Ansprechpartner«. Ob man sich Gesundheit, berufliches und wirtschaftliches Wohlergehen, Fruchtbarkeit von Feldern, Tieren und Menschen oder etwa heile Rückkehr von einer Reise erhoffte, für alles gab es eine spezielle Gottheit – und beim Nachbarstamm konnte die schon wieder völlig anders heißen.

Allerdings: auch die Römer, die ins Land kamen, hatten ihre Gottheiten, und da sie davon ausgingen, dass ein Gott, der jugendlich gedacht war und Gesundheit gewährte, eigentlich überall derselbe sei, nur jeweils anders genannt werde, nannten sie den keltischen Heilgott Grannus mit dem griechisch-römischen Namen Apollo oder mit einem Mischnamen Apollo Grannus. Auf solche Weise konnten einheimische Götter mit römischen gleichgesetzt werden. Diese *interpretatio Romana* – den Begriff prägte der Historiker Cornelius Tacitus – hat sicher auf die Dauer vereinheitlichend auf die bunte Götterwelt Galliens und Germaniens gewirkt. Sie bewirkte aber auch, dass man anderen Göttern und ihren Verehrern gegenüber in der Regel tolerant war: Es waren ja die Gottheiten, die man selbst verehrte, die nur mit einem anderen, fremden Namen angerufen wurden.

Regionale Vorlieben für bestimmte Gottheiten lassen sich in einigen Fällen zeigen: Bestes Beispiel sind die zahllosen Matronenweihungen aus Köln

Seite 32/33: So genannte Basilica im Matronenheiligtum von Pesch, Stadt Bad Münstereifel. Im Hintergrund Teilrekonstruktion des Umgangstempels.

Weihaltar für Mater Magna aus Pier, Gem. Inden.
Pro salut[e] / imperator[is] / Augusti / M[a]/ter Magnae / consacrani / l(ibentes) m(erito)
Zum Heil / des Kaisers, / des Augustus, / für Mater Magna; / von ihrem Kultverein, / gerne und wie sie es verdient.
Die Inschrift ordnet durch die Weihung »für das Wohl des Kaisers« den Altar in das Umfeld des Kaiserkultes ein. Consacran(e)i ist einer der Begriffe, mit dem eine Mysteriengemeinde bezeichnet werden konnte. Sie war wohl nach römischem Vereinsrecht organisiert.
Auf den Nebenseiten als Zeichen, dass die Gottheit alles, um was sie gebeten wird, reichlich gewährt, ein Füllhorn mit Früchten auf einem Globus beziehungsweise ein Akanthusornament.

und seiner weiteren Umgebung – Matronen waren weibliche, in Dreiergruppen dargestellte Göttinen mit lateinisch-germanisch oder -keltischen Mischnamen – oder die Iuppitersäulen, die in Niedergermanien, aber vor allem in Obergermanien fast bei jeder *villa rustica* standen.

In manchen Fällen können wir nur an der Ikonographie, der Form, wie Gottheiten dargestellt wurden, erkennen, dass nicht eine römische gemeint war. Ein gutes Beispiel sind die Iuppitergigantensäulen, deren Inschriften immer Iuppiter Optimus Maximus, den Hauptgott des römischen Kapitols nennen; der Gott, der in den stadtrömischen Vorstellungen niemals reiten konnte, wird aber auf dieser in Obergermanien und weit bis nach Gallien hinein verbreiteten Variante der Iuppitersäulen als Reiter dargestellt. Sicher stehen dahinter keltische Vorstellungen vom reitenden Himmelsgott.

Man erhoffte sich von den Göttern also Hilfe im Diesseits, und man meinte, die mit Gelübden erzwingen zu können. Es gab aber keine Lehrsätze, wie in den christlichen Kirchen, die man glauben musste, um sich neben dem irdischen Heil und Wohlergehen auch ein seliges Jenseits zu erwerben.

Um das, was einem Menschen nach seinem Tod geschieht, kümmerten sich antike Götter ohnehin nur wenig. Trotzdem war der Glaube, in irgendeiner Form nach dem Tode weiter zu existieren, verbreitet. Wie diese Existenz aber ausgesehen hat, wissen wir nicht sicher, weil dafür für unseren Raum Schriftquellen fehlen; allerdings zeigen reiche Grabbeigaben, dass mit dem Tod für die einheimische Bevölkerung nicht alles zu Ende war. In der altrömischen Religion weilte man nach dem Tode im Grab und konnte nur an bestimmten Festtagen auf Zeit zurückkehren – eine eher unerfreuliche Aussicht.

Über die Kultformen wissen wir nur wenig Bescheid. Reliefs zeigen Menschen, Männer und Frauen, beim Opfer – aber die Opferdarstellungen nehmen ganz deutlich römische Formen zum Vorbild, sodass wir nichts über mögliche einheimische Opferformen aussagen können. Natürlich konnte man zu den Göttern beten, in der Form des Gelübdes (*votum*) mit

ihnen ein vertragliche Bindung eingehen, und man füllte die Heiligtümer mit allen Arten von Weihegaben.
In den ländlichen Heiligtümern, aber auch in städtischen heiligen Bezirken gab es neben den klassischen römischen Tempeln auch eine einheimische Tempelform (»Umgangstempel«): Eine hohe *cella* mit quadratischem Grundriss überragte eine an allen vier Seiten um sie geführte, mit einem Pultdach an sie angelehnte Säulenhalle. Neben dem Tempel gab es in vielen Heiligtümern weitere Gebäude, die zu kultischen Zwecken genutzt wurden oder Wohnraum für das Tempelpersonal boten.
Die antike Welt ging davon aus, dass jeder Mensch selbstverständlich die Götter verehren müsse, die die Stadt oder den Staat, in dem er lebte, schützten. Sich zu weigern, diese Staatsgötter zu verehren, war ein Akt der Illoyalität gegenüber dem Staat. Zum Staatskult gehörte auch, dass in jeder *colonia*, etwa in Köln und Xanten, ein Kapitol, ein Tempel für die Trias der wichtigsten Götter Iuppiter, Iuno und Minerva, gebaut wurde.
Natürlich musste das Militär alle Feste der römischen Staatsgötter begehen, natürlich mussten in den *coloniae*, den Städten, deren Einwohner das römische Bürgerrecht besaßen, die Funktionsträger diese Feste beachten und ebenso die in den überregionalen Verwaltungen (Provinzen). Inwieweit aber die einfache Bevölkerung sich am Staatskult spontan aktiv beteiligte, lässt sich nicht sicher ausmachen. Da ja sowohl die »römischen« als auch einheimische Götter mit denselben Namen angerufen werden konnten, lassen die erhaltenen Inschriften nur selten einen sicheren Schluss zu, dass der Staatsgott gemeint war.
Im 3. Jahrhundert gab es, von zwei Kaisern, Elagabal (218 bis 222) und Aurelian (270 bis 275), ausgehend, den Versuch, einen einzelnen Gott, einen syrischen Baal, der mit dem römischen Sonnengott Sol gleichgesetzt wurde, über das übrige Pantheon (auch über die Kapitolinische Trias!) zu erheben. Dieser Schritt in Richtung auf einen Monotheismus scheiterte bei Elagabal, war dagegen bei Aurelian, der den Kult in römischere Formen kleidete, erfolgreicher. Der Solkult blieb, bis Christus ihn ablöste.
In der Kaiserzeit kam zum Kult der Staatsgötter der Kaiserkult hinzu. Es ist eine der großen Leistungen der kaiserzeitlichen »Religionspolitik«, mit dem Kaiserkult in seinen verschiedenen Spielarten ein weiteres Instrument geschaffen zu haben, das für das ganze Reich einheitlich war.
Es gab einen Altar für Roma und Augustus (*ara Romae et Augusti*) in Lyon, an dem sich jedes Jahr Abgesandte aller gallischen *civitates* zu gemeinsamem Kult versammelten; vergleichbares geschah in den anderen Provinzen. Es gab im Festkalender im ganzen Reich Feiertage, an denen Geburtstage und Thronbesteigungen der Kaiser, lebender und toter, kultisch begangen wurden. Der Genius des lebenden Kaisers wurde überall verehrt. Kaiser und Kaiserinnen wurden nach ihrem Tod vom Senat in den Kreis der Götter erhoben. Es gab als einfachste, aber auch formelhafteste Möglich-

keit, der Pflicht zum Kaiserkult nachzukommen, die, eine Weihung an andere Götter mit den Worten *in honorem domus divinae* – »zu Ehren des göttlichen Kaiserhauses« einzuleiten, oder, dies aber meist von offizieller Seite, irgendetwas *pro salute imperatoris* – »zum Heil des Kaisers« zu stiften. Und natürlich konnte, wir wissen dies aus vielen Christenprozessen, jeder seine Loyalität zu Kaiser und Reich demonstrieren, indem er vor dem Bild des Kaisers oder seines Genius ein Weihrauchopfer darbrachte.

Seit dem ersten Jahrhundert n. Chr. breiteten sich Mysterienkulte im Reich aus. Sie glichen offenbar genau die gefühlsmäßigen, emotionalen Defizite aus, die bei den oft sehr formalen und formelhaften anderen Kulten entstanden. Mysterienkulte waren keine Geheimkulte in dem Sinn, dass niemand außerhalb der Gruppe wissen durfte, wer etwa ein Mithras- oder Isisanhänger war. Geheim waren Teile der Rituale und auch, welche Segnungen im Diesseits und im Jenseits diese Gottheiten versprachen.

In eine Mysteriengemeinde wurde man durch ein Initiationsritual aufgenommen; dies vermittelte das Gefühl, zu einer von der Gottheit erlesenen, geliebten Gruppe zu gehören. Die »Eingeweihten« bildeten Gemeinden, die sich zu regelmäßigen Kultfeiern – teilweise als Kultmahl gestaltet – im Tempel trafen, das heißt, sie wurden Gruppen mit engem Zusammengehörigkeitsgefühl. Zumindest im Mithraskult gab es weitere Weihen, in denen man sieben Stufen emporsteigen konnte; das Ansehen innerhalb der Kultgemeinde wuchs von Stufe zu Stufe. Vor allem haben die Mysterienkulte offensichtlich eine positivere Auskunft auf die Frage nach dem Jenseits gegeben. Zwar schweigen auch abtrünnige Mysterienanhänger über die Segnungen ihres Glaubens, aber aus Andeutungen in der antiken Literatur lässt sich erkennen, dass ihre Gottheiten ihnen ein seliges Jenseits versprochen haben. Es gibt wahrscheinlich bei den Mysterien eine im ganzen Reich einheitliche Theologie, in der, etwa beim Adonis- oder Isiskult, Sterben und Wiederauferstehen eines Gottes eine Rolle spielen als Vorbild für das, was der Myste sich erhofft.

Am weitesten waren – obwohl nur Männer zugelassen waren – in den Nordwestprovinzen die Mithrasmysterien verbreitet. Danach kommt der Kult der Mater Magna. Ihm wurde etwa ein kellerartiger Raum in Neuss zugeschrieben, der zur sogenannten Bluttaufe gedient haben soll. Schließlich wird in größeren Siedlungen wie Mainz und Köln Isis besonders verehrt.

Wenn auch in Mithrasheiligtümern Bilder verschiedener anderer Gottheiten vorkommen, ist unter den Anhängern der Mysterienkulte am ehesten Intoleranz gegen »Andersgläubige« zu bemerken. Dies legen einige Passagen in dem Roman des Apuleius *Der Goldene Esel* nahe.

Die Urheimat der meisten Mysterienkulte war der Osten des Reiches, die Region also, aus der auch die Religion stammt, die die alten Götter schließlich ablöste.

Gerhard Bauchhenß

Weihaltar für die Kapitolinische Trias aus Xanten, gestiftet von einem Feldzeichenträger der bei Xanten stationierten 30. Legion am 1. Juli 239 n. Chr.

I(ovi) O(ptimo) M(aximo) Iunoni Regin(a)e / Minervae T(itus) Quartini/us Saturnalis signi/fer leg(ionis) XXX U(lpiae) V(ictricis) pro se / et suis. v(otum) s(olvit) l(ibens) m(erito). / [I]mp(eratore) D(omino) N(ostro) Gordiano et Aviola co(n)s(ulibus) Kal(endis) I[ul(iis)].

Für Iuppiter Optimus Maximus, Iuno Regina und Minerva von Titus Quartinius Saturnalis, Feldzeichenträger der 30. Legion, die benannt ist nach dem Kaiser Ulpius (Traianus) und mit dem Titel »die Siegreiche« ausgezeichnet wurde, für sich und die Seinen. Er hat sein Gelübde gerne und wie es die Gottheiten verdienen erfüllt. Im Jahr als der Kaiser Gordianus, unser Herr, und Aviola Consuln waren, am 1. Juli.

Die drei wichtigsten Gottheiten des römischen Staatskultes, Iuppiter Optimus Maximus, Iuno Regina und Minerva, sind stehend dargestellt, mit den üblichen Attributen und der üblichen Kleidung wie auf einem stadtrömischen Relief.

Auf den Nebenseiten bringen Opferdiener ein Weihrauchkästchen und als Opfertier ein Schweinchen dar.

Weihaltar für die Matronae Aufaniae vom Bonner Münster, gestiftet von C. Candidinius Verus, einem »Ratsherrn« der Colonia Claudia Arae Agrippinensium/Köln aus dem ersten Viertel des 3. Jahrhunderts n. Chr.
Aufanis / C(aius) Candidinius Verus / dec(urio) C(oloniae) C(laudiae) A(rae) A(grippinensium) pro se et suis. / v(otum) s(olvit) l(ibens) m(erito)
Für die Aufaniae / von Gaius Candidinius Verus, / Ratsherr der Colonia Claudia Arae Agrippinensium für sich und die Seinen. / Er hat sein Gelübde gerne und wie es die Göttinnen verdienen erfüllt.

Die einheimischen Göttinnen tragen Haube und Mantel, dazu zwei weitere Gewänder, wie sie von einheimischen Frauen auf Weihreliefs und Grabsteinen getragen werden. Die Opferszene im unteren Bildfeld ist dagegen völlig in »römischen« Formen gehalten: Der opfernde Candidinius Verus hat sein Haupt mit der Toga verhüllt, er streut beim Voropfer Weihrauch, den ein Opferdiener ihm in einem Kästchen reicht, in die Flamme auf dem Altar, ein Flötenbläser begleitet das Ritual, und ein weiterer Opferdiener hält Kanne, Griffschale und Handtuch bereit. In der Inschrift weist Candidinius Verus darauf hin, dass die Weihung auch für seine Familie erfolgt sei und dass sie aufgrund eines Gelübdes geschah.

Auf den Nebenseiten sind unten zwei weitere Szenen aus dem Opferritual dargestellt: Links trägt ein Opferdiener ein Schwein auf dem Rücken, rechts wird das Fleisch für das Opfermahl gekocht. In den Bildfeldern darüber links eine Frau mit Weihgaben, rechts ein Opferdiener.

DAS POLITISCH-GESELLSCHAFTLICHE PHÄNOMEN Das entscheidende Ereignis am Beginn der Christianisierung der fränkischen Gesellschaft war die Taufe Königs Chlodwigs durch Bischof Remigius von Reims, die in den Jahren um 500 im Baptisterium von Reims stattgefunden hat. In erster Linie ein Politikum, wurde die Bekehrung Chlodwigs zum Christentum doch nach außen als persönliche Erfahrung begründet. Ähnlich wie in der Spätantike Kaiser Constantin seine Hinwendung zu Christus in den Zusammenhang mit dem Erfolg in der Schlacht an der Milvischen Brücke bei Rom gegen seinen Widersacher Maxentius rücken ließ, ging auch der Merowingerherrscher vor. Angeblich soll ihn die vermiedene Niederlage in der Schlacht gegen die Alamannen von 496/497 bei Zülpich zum christlichen Glauben geführt haben.

Die aus verzinnter Bronze gefertigte Fibel aus Iversheim besitzt eine Sternform und trägt ein gleicharmiges Kreuz in der Mitte. Sie gehört in das 7. Jahrhundert und wurde demnach wohl von einer Christin getragen.

Genau wie bei Constantin und vielleicht ganz bewusst auf dieses Vorbild bezogen, dürfte für den aufstrebenden Frankenherrscher in seinem expandierenden Reich die integrative Kraft der christlichen Religion als politisches Instrument im Vordergrund seiner Interessen gestanden haben. Einerseits war es der Glaube der alten gallo-romanischen Führungseliten, die noch beträchtliche Macht und Mittel besaßen und ein Großteil der auch mit stadtherrschaftlichen Befugnissen ausgestatteten Bischofssitze innehatten. Andererseits standen auch die Franken zu diesem Zeitpunkt seit mehr als 150 Jahren in Kontakt mit dieser Religion. Es darf vorausgesetzt werden, dass Bilder und Symbole des Christentums allgemein verstanden wurden und auch bei den Franken im Alltag und im Rahmen religiös-magischer Vorstellungen verbreitet waren. Es bestanden also berechtigte Hoffnungen, im Christentum eine alle Bevölkerungsgruppen des jungen Frankenreiches erreichende Bande entwickeln zu können. So ist es erklärlich, dass Bischof Remigius König Chlodwig als *custos patriae* und *triumphator gentium* bezeichnete; er übernahm damit nach der politischen auch die religiöse Rolle des römischen Kaisers.

In der Folgezeit kam es zu einer vergleichsweise raschen Christianisierung der fränkischen Oberschicht. Die Angehörigen höchster Führungskreise ließen sich nach dem Vorbild Chlodwigs – und letztlich auch schon Constantins – in Kirchen beisetzen. Die Bestattung *ad sanctos*, also bei den Heiligen, wird mit dem 6. Jahrhundert auch für die Beurteilung archäologischer Befunde zu einem bedeutenden Kriterium. »Demonstratives Christentum«

der Oberschicht äußert sich in exponierten Grablegen, wie sie in den Vorgängerbauten unter dem Kölner Dom entdeckt wurden. Solche Gräber können in manchen Fällen im Zusammenhang mit den Bauten geradezu als Indizienbeweis für das Vorhandensein einer Kirche oder christlichen Gedächtnisstätte gewertet werden. Allerdings muss nicht jede hochrangige Bestattung in einem Gebäude gleich auf eine Kirche mit dazu gehörender Gemeinde hinweisen.

DIE SOZIOKULTURELLE AUSEINANDERSETZUNG In der Konfrontation der Romanen mit den Germanen stoßen zwei Welten mit ganz unterschiedlichen Wertvorstellungen aufeinander. Die spätantike Gesellschaft war geprägt vom monotheistischen Christentum, seiner Glaubensinbrunst und seiner karitativen Einstellung. Gewaltfreiheit und Gemeinschaftssinn prägten die Gemeinschaft der frühen spätantiken Christen.
Im Gegensatz dazu stand eine germanische Gesellschaftsordnung, in der die Sozialisierung auf dem Familien- beziehungsweise Sippen- und Stammesverband sowie dem Gefolgschaftsprinzip beruhte. Außenstehende galten als fremd und zunächst grundsätzlich feindlich; ihnen gegenüber war man zu nichts verpflichtet. Gewalt war ein legitimes Mittel nicht nur der Selbstverteidigung, sondern auch des Besitzerwerbs. Krieger besaßen hohes Ansehen. Die Religion hatte zwar gemeinschaftsbildende Funktion bei der Verehrung des »Stammesgottes« und dem gemeinsamem Opfer, war aber individueller geprägt und keineswegs so beherrschend wie das Christentum. Die Christianisierung brach die enge Sippen- und Stammesbindung auf. Christliche Werte hielten Einzug in die fränkische Vorstellungswelt, wie zum Beispiel die Fürsorge für Arme und Bedürftige.
Gleichzeitig kam es bereits seit der Spätantike zu einer Anpassung des Christentums an Erfordernisse des Staates in Bezug auf Macht- und Gewaltausübung. Deutlich fassbar ist dies mit den militärischen Siegen unter dem Zeichen des Kreuzes, das nach der christlichen Lehre eigentlich ein Friedenszeichen war. Für die germanisch-fränkischen Vorstellungen war es ohnehin kein Widerspruch, das Kreuz auch als weltliches Siegeszeichen zu sehen. Der Anpassungsprozess des Christentums wurde dadurch forciert und später nochmals im Zug von Eroberungen und zwangsweiser Missionierung beschleunigt.

CHRISTENTUM IM SPIEGEL DER BEIGABENSITTE Bestattungssitten lassen Rückschlüsse auf Glaubens-, zumindest Jenseitsvorstellungen der jeweiligen Gesellschaft zu. Aus archäologischer Sicht ist die Sitte der Totenausstattung im Zusammenhang mit der neuen Religion deshalb besonders aufschlussreich, da zwei Vorstellungen aufeinander treffen:
Einerseits der christliche Gedanke des *corpus spirituale*, also der Vergänglichkeit des irdischen Leibes und der Auferstehung des geistigen Leibes und

Fragment einer vermutlich noch spätantiken Chorschrankenplatte aus Remagen. Die Kalksteinplatte zeigt ein unfertiges Chi-Rho-Christogramm mit angehängtem Alpha und Omega.

Die kleine, aus Kalkstein gefertigte Grabstele aus Leutesdorf zeigt eine gewandete männliche Person mit einer Schale in der Rechten. Zu den Füßen sind ein Fabeltier und ein Fisch dargestellt. Ein mythologischer oder auch ein christlicher Hintergrund für die Darstellungen wäre denkbar.

damit der Bedeutungslosigkeit weltlicher Güter im Jenseits, andererseits die germanische Beigabensitte, unter anderem mit Speise und Trank für den Weg ins Jenseits.
In der Spätantike wurden die Romanen je nach Zeit und Region ganz ohne oder mit reduzierten Beigabenausstattungen beerdigt. Seit dem fortgeschrittenen 6. Jahrhundert finden sich aber wieder Gürtel in Männergräbern und Schmuck oder Trachtbestandteile bei Frauen. Auch die textile Bekleidung war ein bedeutender Teil der Grabausstattung und konnte, wie Goldbrokatfunde zeigen, hohen Status widerspiegeln. Textilien sind jedoch meist nicht erhalten geblieben.
Deutlich erkennbar werden Mischformen beider Kulturmodelle ab dem 6. Jahrhundert. Eine »Frankisierung« der Romanen im frühen Mittelalter ist zum Beispiel durch die Wiederaufnahme von Bestattungen mit Grabbeigaben zu erkennen. Eine »Romanisierung« der Franken spiegelt sich etwa in der Anfertigung von Inschriften auf Grabsteinen.
Bei allen Beobachtungen von Seiten der Archäologie gilt es zum einen das Problem der Überlieferungslage zu berücksichtigen, also die Tatsache, dass immer nur ein kleiner Ausschnitt der Quellen überhaupt bekannt ist, zum anderen ein großes Stadt-Land-Gefälle sowohl auf die Verbreitung des Christentums bezogen, als auch auf das wirtschaftliche Vermögen der jeweiligen Bevölkerung und damit wieder Zahl und Qualität der archäologischen Funde.
Sebastian Ristow

Messer mit Goldgriff und Kreuz aus dem Grab einer Dame des ostfränkischen Königshauses, die in den 530er-Jahren vermutlich schon in einer Kirche beigesetzt wurde, deren Spuren unter dem Kölner Dom freigelegt sind.

Literatur: Die Franken – Wegbereiter Europas. Vor 1500 Jahren: König Chlodwig und seine Erben, hg. v. A. Wiezcorek u. a., Ausstellungskatalog Berlin, Mainz ²1997; L'évangélisation des régions entre Meuse et Moselle et la fondation de l'abbaye d'Echternach (V^{e}–IXe siècle), P.S.H. 117, Publ. du Cludem 16, Luxemburg 2000; S. Ristow, Die frühen Kirchen unter dem Kölner Dom. Befunde und Funde vom 4. Jahrhundert bis zur Bauzeit des Alten Domes, Studien zum Kölner Dom, Band 9, Köln 2002; S. Ristow, Frühes Christentum im Rheinland. Die Zeugnisse der archäologischen und historischen Quellen an Rhein, Maas und Mosel, Jahrbuch 2006 des Rheinischen Vereins für Denkmalpflege und Landschaftsschutz e.V., Köln 2006

Kettengehänge wie dieses aus Leutesdorf gehörten zur Frauentracht des 6./7. Jahrhunderts. Sie hingen vom Gürtel herab und dienten dazu, Amulette, Schmuckanhänger und Kleingeräte mit sich zu tragen. Die kreuzförmige Verteilerplatte ist ein Beispiel dafür, wie christliches Formengut Eingang in die fränkische Tracht fand und heidnische Amulette ersetzte.

Zwischen 1992 und 1996 wurden im Maastal in der Nähe von Kessel insgesamt zehn Goldmünzen (*solidi*) mit Hilfe eines Metalldetektors gefunden. In den Jahren 1994 und 1995 kamen mehrere Eisen- und Bronzefragmente mit Gold- und Silberblech an derselben Stelle zutage. Recht schnell wusste man, dass diese Objekte Teile eines spätantiken Offiziers- oder Gardehelmes darstellten. Der Helmkamm zeigt die Anfangsbuchstaben XP (Chi-Rho) des griechischen Namens für Christus.
Die assoziierten *solidi* dehnen sich aus über eine Laufzeit von 45 Jahren. Die ältesten Goldmünzen sind für Valens und Valentinian I. geprägt worden und datieren zwischen 364 und 367 n. Chr.; die jüngste ist ein *solidus*, der in den Jahren 408 bis 411 für Constantin III. geprägt worden ist. Diese Goldmünze wurde in Trier hergestellt. Alle anderen *solidi* wurden in Konstantinopel geprägt.
Die Kalotte des Helms besteht aus Eisen und wurde mit Silberblech, der bronzene Helmkamm mit Goldblech überzogen. Verschiedene Eisenfragmente mit Goldblech konnten als Teile der Wangenklappen oder des Nacken- und Nasenschutzes identifiziert werden. Andeutungen für einen Stirnreif sind nicht festgestellt worden.
Das Chi-Rho-Schildchen des Helmkamms besteht aus Silberchlorid und wurde nach der Prägung mit Silber-Amalgam überzogen, um die Wirkung reinen Silbers zu erzielen.
Der Fund gehört zum Typus von Helmen mit beweglichen Wangenklappen und Nackenschutz. Diese Schutzwaffen der römischen Infanterie sind aus Intercisa, Augsburg-Pfersee, Worms und Augst bekannt.
Sowohl die genauen Umstände der Niederlegung des Helms und der Goldmünzen wie das genaue Datum dieses Ereignisses sind ungewiss. Dennoch ist er einer der seltenen Belege des frühen Christentums in den Niederlanden und zugleich mit der Datierung in die zweite Hälfte des 4. Jahrhunderts einer der spätesten Funde für die Anwesenheit des römischen Heeres in dieser Region.
Wim Dijkman

Aufbewahrungsort: Maastricht, Centre Céramique (Inv. Nr. 3824 A)

Literatur: J. Prins, The »fortune« of a late Roman officer. A hoard from the Meuse valley (Netherlands) with helmet and gold coins, in: Bonner Jahrbücher 200, 2000 (2003), S. 309–328

SPÄTANTIKE ÖLLAMPE IN FISCHFORM AUS WESSELING-BERZDORF

Ende des 19. Jahrhunderts deckten zwei Ackerknechte in Berzdorf zwischen Bonn und Köln bei der Arbeit ein wahrscheinlich spätrömisches Körpergrab auf. Sie entnahmen einige Keramikgefäße, die später als römisch bestimmt wurden, und auch die hier gezeigte 34 cm lange tönerne Lampe in Fischform. Während die Gefäße heute verschollen sind, wurde die Lampe, die man wegen ihrer höchst ungewöhnlichen Gestalt sogar lange für eine Fälschung gehalten hatte, zunächst durch das Kölner Wallraf-Richartz-Museum erworben und um 1936 vom Rheinischen LandesMuseum Bonn angekauft.

Das in Form und Gestalt besondere Beleuchtungsgerät aus dem 4. Jahrhundert besitzt direkte Parallelen in Frankreich, Italien, Rumänien und Palaestina; insgesamt kommen solche und ähnliche Lampen aber nur sehr selten vor. Auf dem Bauch der tönernen Fischlampen sind meist auf der einen Seite ein Kreuz und auf der anderen Seite ein Christogramm angebracht, die in einen *clipeus* (runde Rahmung) einbeschrieben sind. Damit können diese Kunsterzeugnisse ganz sicher in christliche Zusammenhänge verwiesen werden. Jedenfalls besitzen die Zeichen einen so deutlich zentral herausgestellten Charakter, dass der Kunsthandwerker Christen als Kunden im Auge gehabt haben muss.

Wenn auch die Verwendung im Rahmen einer kirchlichen Nutzung denkbar wäre, muss eine solche doch nicht zwingend angenommen werden. Auch in einem spätantiken Privathaushalt kann die Lampe aus Berzdorf ihren Platz gehabt haben, was auch ihre Weiterverwendung als Grabbeigabe erklären dürfte. Möglich wäre natürlich genauso ein Erwerb der Lampe unabhängig von jedem christlichen Hintergrund oder ihre Beigabe in dem Grab als Beutestück. Um dies zu beurteilen, wäre es notwendig, den Grabfund als Ganzes archäologisch beurteilen zu können, was in diesem Fall nach der Überlieferungslage nicht möglich ist.

Wenn die Lampe in der Spätantike von einem Christen genutzt wurde, kam zu der symbolischen Bedeutung der auf ihr angebrachten Zeichen auch noch die direkte der Fischform hinzu. Der Fisch steht für Christus selbst, abgeleitet von der Akrostichis (kürzeres oder längeres Gedicht, bei dem die Anfangsbuchstaben der einzelnen Verse einen Namen oder ein Wort beziehungsweise mehrere Worte ergeben) »Ichthys« (= Fisch), also den Anfangsbuchstaben der griechischen Bezeichnung »Iesous Christos Theou Yios Soter«, übersetzt: »Jesus Christus, Gottes Sohn, Erlöser«. Seit dem Ende des 2. Jahrhunderts wurde dieses Symbol von den Christen verwandt.

Sebastian Ristow

Aufbewahrungsort: Rheinisches LandesMuseum Bonn (Inv. 15911)

Literatur: S. Ristow: Bonner Jahrbücher, in Vorbereitung

FRAGMENT EINER SPÄTANTIKEN SCHIEFERPLATTE AUS TRIER

1985 wurde im Südteil des spätantiken Trier ein noch 20,5 cm hohes und 9,5 cm breites Fragment einer ehemals runden reliefierten Schieferplatte von 2 cm Dicke gefunden. Die darauf gezeigte Szene ist in Glasschlifftechnik, in »negativem Relief« (Intaglio) herausgearbeitet. Die Scheibe ist aus einem für ein solches Kunstwerk ungewöhnlichen, aus Trier stammenden Material gefertigt. Da Schiefer relativ leicht bricht und gegen Abplatzungen empfindlich ist, könnte es sich, wie von Wolfgang Binsfeld vorgeschlagen, um das Versuchsstück eines Glasschleifers handeln. Dafür spräche, dass Schiefer in Trier reichlich vorhanden und kostenlos zu bekommen ist sowie dieselben Merkmale wie empfindliches Glas besitzt. Eine andere in Erwägung gezogene Funktion, die allerdings weniger wahrscheinlich ist, wäre die Nutzung als Brotform oder zur Abformung des Reliefs in ähnlich weichem Material wie zum Beispiel Teig oder Ton.

Auf der Platte ist innerhalb der Rahmung in Form eines Lorbeerkranzes eine Palme zu erkennen. Daneben steigt ein bärtiger Mann (Petrus) mit seinem linken Bein auf drei Steine eines stilisierten Berges hinauf, sich dabei mit dem Gestus der verhüllten Hände nach rechts wendend. Von der anschließend im Zentrum der Scheibe zu rekonstruierenden Darstellung sind nur noch geringe Fragmente zu erkennen. Auf Höhe des linken Fußes des Hinaufsteigenden ist ein Fuß auszumachen, darüber Reste eines Gewandsaumes. Damit lässt sich das ursprünglich gezeigte Bild der Trierer Scheibe anhand von Parallelen in der frühchristlichen Kleinkunst und in Kirchenausstattungen aus Italien relativ sicher rekonstruieren.

Es handelt sich um die in der christlichen Archäologie als das Bild *dominus legem dat*, also »der Herr gibt das Gesetz«, bekannte Szene, früher oft als *traditio legis* bezeichnet. Dieses Bild, das nicht der Bibel, sondern theologischer Reflexion der zweiten Hälfte des 4. Jahrhunderts entspringt, entwickelte sich zur Zeit der Hochblüte der repräsentativen Christusdarstellungen und findet sich unter anderem in der Sarkophagkunst, auf Goldgläsern, auf dem bekannten Elfenbeinkästchen von Samagher (in Venedig) und in kirchlichen Mosaikprogrammen. Wahrscheinlich diente ein Vorbild in der Apsis der konstantinischen Peterskirche in Rom als Ursprung dieser Komposition, die in verschiedenen Varianten überliefert ist: In der Bildmitte sitzt oder steht Christus auf einem Berg und hält eine Schriftrolle, »das Gesetz«, die er in den als *traditio legis* gedeuteten Szenen auch tatsächlich an Petrus übergibt. Daneben steht üblicherweise als dritte Figur Paulus. Teilweise ist die Szene von Palmen gerahmt und oft durch Lämmerdarstellungen darunter bereichert, die vermutlich auf den unter der Szene dargestellten Lämmerfries auf dem Vorbild des Apsismosaiks von St. Peter in Rom zurückgehen. Die Bedeutung des Lämmerfrieses ist nicht eindeutig zu klären, da es für ihn keine zweifelsfrei zu identifizierende biblische Textvorlage gibt, vielleicht handelt es sich um eine

Allegorie für die »Juden- und die Heidenkirche« oder eine bildliche Umsetzung der sogenannten Völkerwallfahrt nach Jes. 2, 2f.
Auch für ein *dominus legem dat* oder eine Übergabe (*traditio*) »des Gesetzes« durch Christus an Petrus gibt es keine Textgrundlage, wie etwa für die Übergabe der Tafeln an Moses im Alten Testament. Da Christus auf spätantiken Darstellungen in der Regel mit der Rechten den Redegestus vollführt, hält er in den meisten Bildern der Szene *dominus legem dat* mit der Linken die Schriftrolle, so dass Petrus als gedachter Empfänger des Gesetzes oft und im Gegensatz zur übrigen frühchristlichen Kunst in Darstellungen dieses Bildes ausnahmsweise links von Christus steht, statt wie sonst üblich auf dem Ehrenplatz zu seiner Rechten. Nur auf spätantiken Schliffgläsern aus Obernburg am Main und Valencia wurde Petrus durch den Glasschleifer versehentlich zunächst zur Rechten Christi angelegt und später korrigiert. Der Trierer *diatrearius* hat jedoch sein Bild gleich richtig konzipiert, wenn man voraussetzt, dass es sich beim Reliefbild der Schieferscheibe nicht um die Schauseite, sondern um die Fertigungsseite eines hier in günstigem Material simulierten Glaskunstwerkes handelt.
Sebastian Ristow

Aufbewahrungsort: Rheinisches Landesmuseum Trier, Inv.-Nr. 1985,7

Literatur mit weiteren Angaben: W. Binsfeld, Eine frühchristliche Darstellung in Trier, Trierer Zeitschr. 50, 1987, S. 293–299; ders., Traditio legis und Kirchenväter, Trierer Zeitschr. 62, 1999, S. 223–226; A. Arbeiter, Anmerkungen zu einer christlichen Schliffglasschale des späten 4. Jahrhunderts in Valencia, in: Nobilis arte manus. Festschrift zum 70. Geburtstag von A. Middeldorf-Kosegarten, Dresden 2002, S. 2–24; L. Schwinden: Imperium Romanum. Römer, Christen, Alamannen – Die Spätantike am Oberrhein, Ausstellungskatalog Karlsruhe, Stuttgart 2005, S. 289, Nr. 157

Umzeichnung und zeichnerische Rekonstruktion des fehlenden Teils der Platte

ADAM-UND-EVA-GLASSCHALE AUS AUGSBURG

Die kalottenförmige Glasschale (Dm. 19,5 cm; H. 5,2 cm) mit dem Bild des Sündenfalles von Adam und Eva im Paradies, wie er in der Schöpfungsgeschichte von Moses (Gen. 3) überliefert ist, wurde 2000 bei Rettungsgrabungen der Stadtarchäologie im südlichen Teil der Römerstadt Augsburgs geborgen. Die Szene und das umlaufende Schriftband sind von der Unterseite her in das transparente, leicht olivgrüne Glas eingeritzt. In der Mitte befindet sich der Baum der Erkenntnis mit der sich empor windenden Schlange, darüber das Christogramm, von zwei Sternen flankiert. Eva, frontal dargestellt wie eine *Venus pudica*, greift in den Baum zu den Paradiesäpfeln. Als Schmuck trägt sie ein Diadem (?) und eine Perlenkette. Adam ihr gegenüber, ebenfalls die Rechte in den Baum streckend, scheint Eva anzusprechen; seine Gestalt wirkt etwas plump. Der Trink- und Segensspruch unter dem Rand lautet: »VIVAS IN DEO P(ie) Z(eseis) – lebe in Gott, trinke, du wirst leben.«

Die Schale gehört zur sogenannten Wint-Hill-Gruppe mit der ihr eigenen Ritztechnik, die Konturen fast wie Schraffuren wirken lässt. Die Glaswerkstatt, hauptsächlich in der ersten Hälfte des 4. Jahrhunderts tätig, wird aufgrund der Verbreitung dieser Kugelabschnittschalen in Köln, jedenfalls im Rheinland, angenommen. Als Dekor wurden neben christlichen Motiven auch mythologische (»heidnische«) Bilder, vor allem vielfältige Jagdszenen verwendet. Eine Parallele liegt aus Köln vom Gräberfeld an der Luxemburger Straße vor: Diese Adam-und-Eva-Schale trägt den Schriftzug »GAVDIAS IN DEO PIE Z(eseis)«. Weitere Adam-und-Eva-Glasschalen sind aus Krefeld-Gellep (Grab 2711) und der Antikensammlung Berlin bekannt.

Die Augsburger Schale wurde »Hinter dem Schwalbeneck« in der obersten Schicht einer Latrine eines größeren Steingebäudes mit etwa einem Dutzend unverzierter Glasbecher aufgefunden; möglicherweise war sie im Kultus einer christlichen Gemeinschaft als Trinkschale in Gebrauch. Die Datierung ihres »Verlustes« liegt aufgrund der Münzen in der Fundschicht um 350/360 n. Chr.; hergestellt wurde sie vermutlich bereits in spätkonstantinischer Zeit. In der letzten Bauperiode des Gebäudes lässt sich gegen Ende des 4. Jahrhunderts eine Kapelle mit Sakristei erschließen. Die Augsburger Adam-und-Eva-Schale ist das bisher älteste christliche Zeugnis aus AELIA AVGVSTA, der Hauptstadt Rätiens.

Lothar Bakker

Aufbewahrungsort: Römisches Museum Augsburg (Inv.-Nr. 2000,4189)

Literatur: L. Bakker, in: M. Weitlauff/M. Thierbach (Hg.), Hl. Afra – Eine frühchristliche Märtyrerin in Geschichte, Kunst und Kult, Ausstellungskatalog, Augsburg 2004, S. 49–51 u. 186f.; A. Rottloff, Spätantike Repräsentationskunst in Süddeutschland, in: L. Bakker (Hg.), Sammelband 2000. Augsburger Beiträge zur Archäologie 3, Augsburg 2001, S. 123–160, bes. S. 144 »Werkstatt E«.

SPÄTANTIKE KÄSTCHENBESCHLÄGE AUS WIESBADEN, MAINZ-KASTEL

Schon 1820 wurden die vergleichsweise gut erhaltenen Beschläge eines spätantiken Holzkästchens im rechtsrheinischen Mainzer Vorort Kastel gefunden, der seit 1945 zu Wiesbaden gehört. Über die näheren Fundumstände ist nichts bekannt. Kästchen dieser Art finden sich aber in manchen gut ausgestatteten spätrömischen und frühmittelalterlichen Gräbern in Gallien und Germanien. Als engste Parallele ist ein Grabfund dieser Art aus Nijmegen zu nennen, ähnlich – wenn auch in anderem Material ausgeführt – ein heute verschollenes spätantikes Goldglaskästchen aus Neuss.

Die Bronzeblechbeschläge aus Mainz zeigen alt- und neutestamentliche Errettungs- und Heilungsbilder. Hinzu kommen Fragmente mit Büsten und auch einer Gorgomaske, deren wahrscheinliche Zugehörigkeit zum Kasten jedoch nicht mit letzter Sicherheit festgelegt werden kann. Ähnliche Bilderkombinationen, die das Nebeneinander unheilabwehrender Darstellungen aus der antiken Mythologie und christlicher Szenen im 4. Jahrhundert belegen, sind auch auf dem verwandten Kästchen von Nijmegen zu finden.

In den mehr oder weniger gut erhaltenen Bildfeldern aus Mainz werden in szenischen Darstellungen die Heilung der Blutflüssigen und des Blinden durch Christus gezeigt, ferner das so genannte Quellwunder des Mose und die Auferweckung des Lazarus durch Christus. Weiterhin kommen auf dem Kästchen beliebte Themen der Ikonographie des 4. Jahrhunderts vor, die gerade im Sepulkralbereich, also im Zusammenhang mit Bestattungen, häufig sind: die Opferung Isaaks durch Abraham, die drei Jünglinge im Feuerofen, die Heilung des Gichtbrüchigen durch Christus und der Prophet Daniel in der Löwengrube.

Insgesamt kann eine Szenenfolge von vier hochrechteckigen modelgleichen Beschlägen mit je acht Bildern rekonstruiert werden. Die spätere Zweitverwendung und Neumontage der Kästchenbleche dürfte im Frühmittelalter stattgefunden haben. Ursprünglich dürfte das Kästchen vielleicht einem Christen des 4. Jahrhunderts ins Grab beigegeben worden sein, der in der Umgebung des spätrömischen Brückenkopfes gegenüber der Stadt Mainz bestattet wurde. Nach späteren Quellen soll in Kastel der heilige Ferrutius zur Zeit Kaiser Diokletians das Martyrium erlitten haben und bestattet worden sein. Für das 6. Jahrhundert ist an diesem Ort der Bau einer Georgskirche überliefert.

Sebastian Ristow

Aufbewahrungsort: Rheinisches LandesMuseum Bonn (Inv.-Nr. U 1697b)

Literatur: E. J. Clauß-Thomassen, Fragmente eines Kästchenbeschlages, in: Spätantike und frühes Mittelalter. Ausgewählte Denkmäler im Rheinischen LandesMuseum Bonn, hg. v. J. Engemann/Ch. B. Rüger, Köln 1991, S. 305–312

Statuen Iuppiters, des höchsten römischen Gottes, die auf Säulen oder Pfeilern postiert waren, gehören zu einer Gattung von Weihegeschenken, die von der zweiten Hälfte des 1. bis zur Mitte des 3. Jahrhunderts n. Chr. für Teile Galliens und Germaniens besonders signifikant ist. Die dem »besten und größten Iuppiter« (Iovi Optimo Maximo = I.O.M.), zuweilen auch seiner Gattin Iuno miterrichteten Monumente aus Kalk- oder Sandstein zeigen den Gott zumeist als »Iuppitergigantenreiter« im Kampf mit einem Unhold. In Niedergermanien dominiert der Typus des thronenden Vatergottes im Typus der Kultbilder im Kapitolstempel Roms.
Keine der mehr als tausend bekannten Säulen hat die Zeiten stehend überdauert. Die Zusammengehörigkeit von Iuppiterstatuen, mit stilisierten Lorbeerblättern umwundenen Säulenschäften und mit Götterreliefs geschmückten Sockeln wurde erst anhand verlochter Iuppitersäulen erkannt. 1878 entdeckte man im lothringischen Merten einen römischen Brunnen mit einem beschädigten Stück, 1884 in Frankfurt-Heddernheim (Nida), in Niedergermanien 1906 in Kleinbouslar, Stadt Erkelenz. Für die *Germania superior* sind zur Zeit 31, für die *Germania inferior* 16 mit Iuppitersäulen verfüllte römische Erd- oder Steinbrunnen nachgewiesen. Einer der jüngsten Befunde ist ein Brunnen auf dem Gelände einer *villa rustica* in Köln-Widdersdorf, in den Reste zweier Säulen verkippt worden sind.

Steinerner Brunnen der villa rustica in Köln-Widdersdorf, verfüllt in der zweite Hälfte des 4. Jahrhunderts n. Chr. mit Brandschutt, Tierkadavern und den Resten zweier Iuppitersäulen.

In mehreren dieser Brunnen sind zusätzlich Votive für andere Gottheiten verfüllt worden. Aus den germanischen Provinzen sind darüber hinaus etwa 26 Brunnen bekannt, die nur Altäre, Reliefs und Statuen verschiedener römischer, einheimischer und orientalischer Gottheiten enthielten.
An den Skulpturen zeigt sich, dass sie zumeist absichtlich beschädigt wurden. Gesichter der Gottheiten sind abgeschlagen, die Statuenköpfe abgetrennt, wenn nicht vernichtet, die Körper verstümmelt. Ohne Zweifel sind diese Götterweihungen Gewaltaktionen zum Opfer gefallen.
Seit Entdeckung der ersten Brunnenverfüllungen wird diskutiert, wer diese *sacrilegia* beging. Bis heute stehen sich hauptsächlich die Meinung, »eifernde« christliche Bilderstürmer seien am Werke gewesen, und die These gegenüber, die Zerstörungen seien plündernden alamannischen bezie-

hungsweise fränkischen Kriegerscharen des 3. und 4. Jahrhunderts zuzurechnen.
Christen haben bereits deutlich vor dem Verbot der heidnischen Kulte durch Kaiser Theodosius im Jahre 392 Götterbilder zerstört. So beschloss die spanische Synode von Elvira um 306, den beim Bildersturm getöteten Christen den Märtyrerstatus zu versagen. Der Kirchenvater Hieronymus lobt in einem Brief den Stadtpräfekten Roms von 376/377, weil er durch Zerschlagen und Verbrennen ein Mithraeum in Rom vernichtet hat. 392 wird das berühmte Serapisheiligtum von Alexandria samt seinen Bildern zerstört. Sulpicius Severus rühmt seinen Zeitgenossen, den Bischof Martin von Tours, dass er in seiner Diözese Heiligtümer und Altäre der Heiden zerstört und eine Säule mit Götzenbild (*idolum*) in Staub aufgelöst hat.
Der größte Teil der Brunnen mit Iuppitersäulen oder anderen geschändeten Götterweihungen ist zwischen den 230er- bis 270er-Jahren verfüllt worden, sodass christlicher Bildersturm auszuschließen ist. Dies gilt auch für den um 370 verfüllten Brunnen der *villa* in Köln-Widdershof, in den außer den Votiven Brandschutt und Tierkadaver verkippt worden waren. Aus dem Brunnen einer *villa rustica* in Jülich-Kirchberg, der Reste einer Iuppitersäule und Architekturteile enthielt, stammen Münzen, die die Zerstörung in der Zeit des Frankeneinfalls von 355 erweisen.
Anders als häufig angenommen haben nicht die germanischen Bilderstürmer die Monumente in die Brunnen verkippt, sondern die Überlebenden oder neu siedelnde Römer bei Entschuttungsmaßnahmen. Unbrauchbare Brunnen wurden zur Abfallentsorgung genutzt, zumal sie aus Sicherheitsgründen verfüllt werden mussten. Die römische *pietas* stand dem in dieser Zeit nicht mehr entgegen. In der zweiten Hälfte des 3. Jahrhunderts kam die Produktion von Votivdenkmälern zum Erliegen. Eine sich wirtschaftlich, gesellschaftlich und ethnisch wandelnde Welt entwickelte andere Konzepte und Medien für ihr religiöses Leben.
Noch bestehende Heiligtümer fielen schließlich christlichen »Eiferern« anheim. Im Kultbezirk von Tawern bei Trier kippte man um 400 n. Chr. beschädigte Götterdenkmäler in den Brunnen des Heiligtums. Das Kultbild des Mithraeums im lothringischen Sarrebourg wurde zerstückelt, Votivsteine und Gefäße zerschlagen, das Gebäude niedergebrannt – nach den Münzen zu urteilen in der Zeit des Theodosius oder später. Hier wie in Tawern und anderen Orts in Germanien und Gallien dürften christliche Bilderstürmer am Werk gewesen sein.
Peter Noelke

Literatur: P. Noelke, Bildersturm und Wiederverwendung am Beispiel der Iuppitersäulen der germanischen Provinzen Roms (in Druckvorbereitung)

Die entscheidende Veränderung, die uns zwischen der Spätantike und dem frühen Mittelalter als zwei getrennten, aufeinander folgenden Zeitstufen unterscheiden lässt, bringt der Machtwechsel von den Römern zu den Franken im Rheinland mit sich.
Die bereits lange vorher bestehenden unterschiedlichen militärisch-politischen Voraussetzungen rechts und links des Rheines, der eine natürliche und befestigte Grenze darstellte, begründeten sehr differenziert ausgebildete Siedlungsformen. Dies entspricht im Wesentlichen auch den unterschiedlichen Kulturmodellen, die bereits seit dem 3. Jahrhundert mehr oder weniger friedlich koexistierten, nun aber nach der endgültigen Aufgabe und militärischen Entsatzung der Rheingrenze durch die Römer ab dem 5. Jahrhundert in eine ganz andere Beziehung zueinander traten. Während sich im linksrheinischen Gebiet im Zuge der Romanisierung des 1. bis 4. Jahrhunderts auch bei den ansässigen germanischen Bevölkerungsteilen eine städtische und mindestens in Grundzügen auch mediterrane Lebensweise durchgesetzt hatte, siedelte man rechts des Rheins noch durchweg in ländlichen, bäuerlich geprägten Formen und errichtete Gebäude aus Holz.
Im Gegensatz zu dem munizipalen System, also der teilweisen oder vollständigen Einbürgerung in das Römische Reich, verstanden sich die Franken dann im Laufe der Zeit und spätestens seit dem Übertritt Chlodwigs zum Christentum ab 507 n. Chr. selbst als Volksstämme (*gentes*) mit einem gemeinsamen Ursprung (*natio*), die sich mit den neuen Umständen auseinandersetzen und arrangieren mussten. Ihre Ordnung basierte auf einem starken Königtum als Garant von Freiheit und Unabhängigkeit, das in der Lage war, die unterschiedlichen Teilstämme in politischer und militärischer Hinsicht zu vereinigen. Dies setzte zunächst weder eine übergeordnete Verwaltung noch städtische Strukturen voraus.
Im Zuge des 5. Jahrhunderts verlor der Rhein an Bedeutung in Bezug auf die militärische Sicherung der Provinzen. Hier setzte nun ein entscheidender Prozess für die Frage der Kontinuität zwischen Spätantike und frühem Mittelalter ein, nämlich der Fortbestand der spätrömischen städtischen Zentren in ihren verschiedenen Gestalten, also der *coloniae* (Siedlungen außerhalb des Mutterlandes) und der *municipiae* (in die Provinzverwaltung eingegliederte Gemeinden und Städte). Aber auch Kontinuitäten auf dem Land oder im Randbereich der Städte, an den *vici* (den ländlichen Siedlungen und Dörfern) mit teilweise durchaus städtischen Strukturen und den *villae rusticae* (den Landvillen), die ebenfalls durch komfortable und luxuriöse Wohnformen urbanes Leben in der Provinz repräsentierten,

Räumliche Rekonstruktion der Bauphasen unter dem Chor des Bonner Münsters, rechts: merowingischer Saalbau, links: spätere Anbauten, oben: karolingische Ausbauphase.

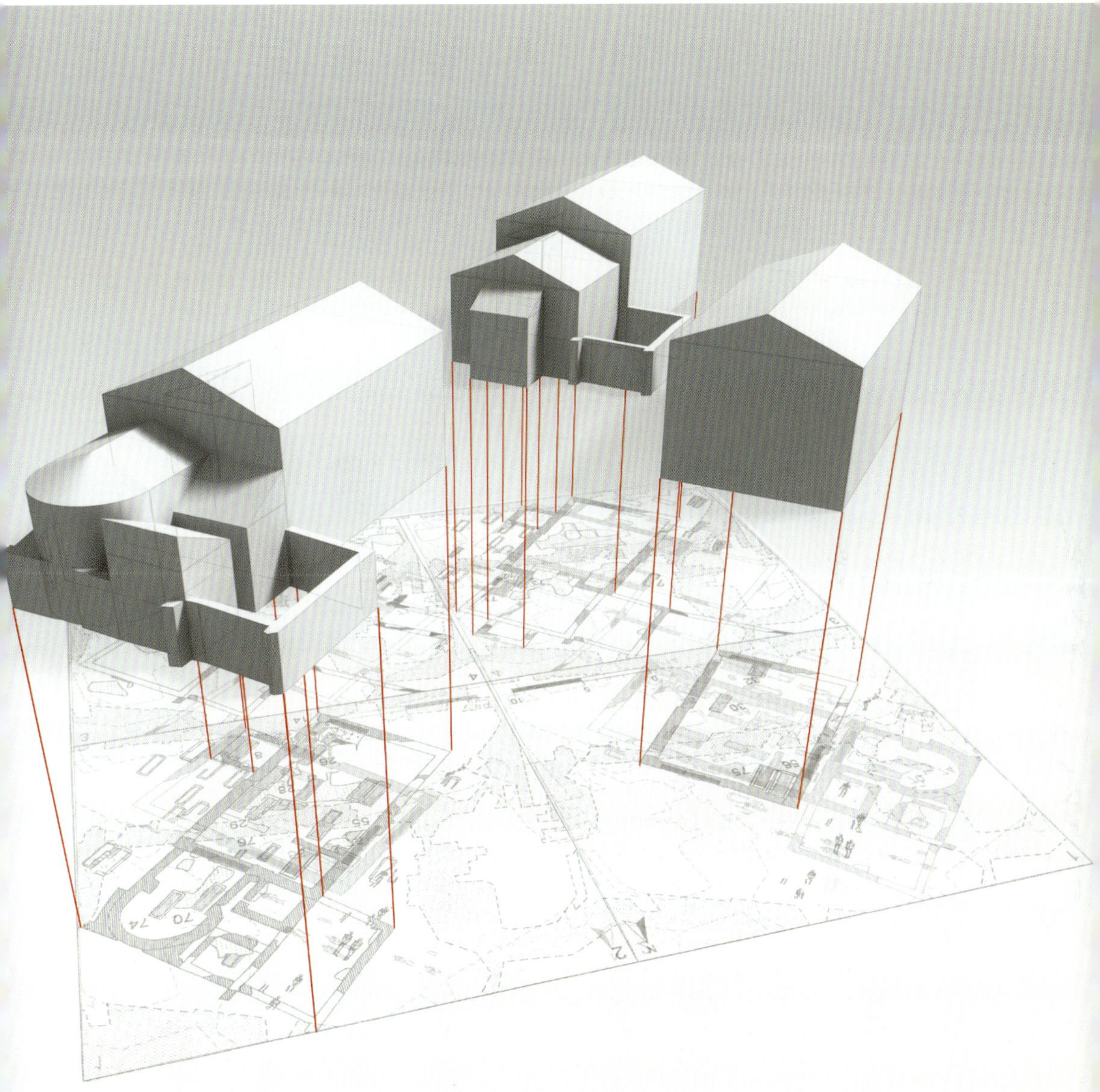

dürften vereinzelt bestanden haben, wie durchgehend belegte Gräberfelder in Kobern-Gondorf an der Mosel oder Krefeld-Gellep nahelegen. Aufgrund des schwierigen archäologischen Nachweises fränkischer Siedlungen sind sie aber mit Ausnahme eben der Gräberfelder kaum zu fassen. Die historischen Quellen des 5. Jahrhunderts, hier ist besonders der moselländische Kleriker Salvian von Marseille mit seinen *De gubernatione Dei* zu nennen, zeichnen für die Städte düstere Bilder: Trier präsentiere sich nach viermaliger Eroberung als entvölkert und niedergebrannt, Köln als von Feinden überschwemmt und Mainz ebenfalls als weitgehend zerstörte Stadt.

Ganz so düster kann es aber nicht gewesen sein, denn die archäologischen Quellen lassen an den genannten wie auch an vielen kleineren Orten des Rheinlandes, etwa in Boppard, Koblenz, Andernach oder Alzey, das Weiterbestehen städtischer Infrastruktur erkennen. Dies betrifft insbesondere die Stadtbefestigungen, sofern diese noch intakt waren, das Straßensystem und auch die Verkehrswege zu Wasser mit den dazugehörigen Häfen. Auch die Weiternutzung der Gräberfelder, wie sie etwa für Krefeld-Gellep, aber auch in Stadtnähe, zum Beispiel in Köln gut belegt ist, muss hier berücksichtigt werden. In Herrschaftssitzen wie Jülich und Krefeld-Gellep bestehen die Gräberfelder vom 4. bis zum 7. Jahrhundert kontinuierlich weiter. Die dort angesiedelten Franken dürften ihre rechtsrheinischen Ursprungsgebiete dauerhaft aufgegeben haben. In Jülich lässt sich gewissermaßen eine »selektive Landerschließung« nachweisen, wobei die nicht nur für fränkische Siedlungen gegebene Notwendigkeit der Wassernähe eine große Rolle neben der strategischen Lage spielte. Die Fürstengräber von Morken, Krefeld-Gellep (Grab 1782), Planig und Eich in Rheinhessen liegen durchweg an strategisch wichtigen Knotenpunkten des weiterhin funktionierenden Straßensystems oder in der Nähe von Herrschafts- und Verwaltungszentren.

Diesen Schlüsselfunden für die Archäologie der Frankenzeit kommt jedoch nicht nur eine militärische, sondern auch ein gesellschaftliche Bedeutung zu. Darüber hinaus repräsentieren die reich mit Waffen, Tracht und Gerätschaften ausgestatteten berühmten Fürstengräber eine fränkische Führungsschicht, die Zeugnis über das germanische Gefolgschaftswesen an sich ablegt. In der Übergangszeit des 5. und frühen 6. Jahrhunderts verarmten breite Bevölkerungsschichten, die dann gewissermaßen als Klienten unter die Fittiche der neuen germanischen Herren gerieten. Dies ist durchaus vergleichbar mit dem römischen Klientelwesen etwa noch des 2. Jahrhunderts, wenn dieses sich auch in anderen, zum Teil wesentlich kleinräumigeren Konstellationen bewegte. Gewisse gesellschaftliche Prozesse sind im römischen und fränkischen also ähnlich – auch wenn beim Vergleich größere chronologische Sprünge gemacht werden müssen. Die römische Führungsschicht der Spätantike war gezwungen, autoritär und mit militärischer Stärke aufzutreten, wenn sie sich behaupten wollte. In der germanischen Kultur ist das Gefolgschaftswesen, die wechselseitige Bindung und Verpflichtung zwischen Herren und Gefolgschaftsleuten, ein wichtiger Bestandteil der Gesellschaftsstruktur. Dies erleichterte den Kontakt aufnehmenden Franken die Annäherung an spätrömische Verhaltensmuster und die Übernahme vorhandener Machtstrukturen.

Für Krefeld-Gellep existieren reiche Zeugnisse für die Weiterbesiedlung des Raumes nach der Aufgabe des spätrömischen Kastells (um 420 n. Chr.), verbunden mit einer gewissen Funktionsänderung des Platzes, der wohl aus militärischen Erwägungen als Reaktion auf die allgemeine Verunsicherung des 4. Jahrhunderts gehalten wurde. Die Weiterbesiedlung erfolgte zunächst durch eine gemischte romanisch-fränkische Bevölkerung, wie sie auf dem gemeinsam, allerdings in unterschiedlichen Arealen belegten Gräberfeld erkennbar ist. Später bestatten die Franken dann in einem eigenen getrennten Bereich, wobei romanische Elemente noch bis in das späte 6. Jahrhundert vereinzelt nachweisbar sind, also mehr als 150 Jahre nach Abzug der letzten Kastellbesatzung.

Andere aus gleichen Gründen angelegte strategische und befestigte Plätze wie etwa das Kastell Haus Bürgel wurden dagegen aufgegeben. Haus Bürgel, auf dem rechten Rheinufer bei Monheim gelegen, wurde im frühen 4. Jahrhundert errichtet und bis in das fortgeschrittene 5. Jahrhundert genutzt. Verschiedene Hortfunde des 4. Jahrhunderts belegen die fortdauernde Bedrohung des Kastells durch die Franken im Verlauf des 4. und frühen 5. Jahrhunderts.

Auch am Beispiel von Kobern-Gondorf an der Mosel kann anhand der späten Grabsteine des 5. und frühen 6. Jahrhunderts eine verbliebene romanische Bevölkerung nachgewiesen werden. Dazu gehören Besonderheiten der Bestattungssitte und der Tracht, da sich das romanische Kulturmodell bis in das 6. Jahrhundert durch die Regel beigabenloser Bestattungen kenntlich macht. Die romanische Oberschicht praktiziert eine reduzierte Beigabensitte, also die Mitgabe weniger Stücke, etwa Schmuck in den Bestattungen von Frauen. Dieses romanische Kulturmodell wird auch in Gegenden mit romanisch-germanischer Mischbesiedlung, wie in Krefeld-Gellep, beibehalten.

Trotz der nachweisbaren Beeinflussung der neuen Herren durch die romanische Bevölkerung scheint eine Übernahme traditionell romanischer Lebensweise sowie architektonischer und handwerklicher Fähigkeiten und Techniken nur punktuell erfolgt zu sein. Mit der Steinbauweise taten sich die Franken offenbar schwer, denn neu errichtete Steinbauten aus fränkischer Zeit sind überaus selten nachgewiesen, dies trifft besonders auf den profanen Bereich zu. Der Xantener Bau C des späten 5. Jahrhunderts würde eine Ausnahme darstellen, stünde er nicht in einem kirchlichen Zusammenhang. Die Kirchenbauten in den genannten städtisch geprägten Or-

Goldener Fingerring des 7. Jahrhunderts aus Boppard mit Vogel und Kreuz in Intaglioarbeit. Neben dem Kreuz kann auch die Zurücklassung des Ringes in dem ansonsten (zeitgenössisch) beraubten Grab ein Hinweis auf ein christianisiertes Umfeld sein: Selbst schon christianisierte Grabräuber schreckten vor christlichen Motiven zurück.

ten sind dann auch das verbindende Element, sowohl hinsichtlich der Bautradition in Steinbauweise, wie auch in der Übermittlung der spätantiken christlichen Religion. An den Kirchenbauten dürfte sich auch die Weiterexistenz christlicher Gemeinden manifestieren, wenngleich es dafür keine historischen und unmittelbaren archäologischen Belege gibt. Dennoch drängen sich Fragen auf, wer denn diese Kirchenbauten veranlasste, beziehungsweise wie die christlichen Gemeinden entstanden, die die Kirchen errichteten. Dies legt die Vermutung nahe, dass die Überlieferung spätantiker Tradition und Religion nicht nur über das dingliche Erhalten und Weiternutzen der spätantiken Gräberfelder mit ihren Kult- und Memorialbauten erfolgte, also nicht lediglich funktional, sondern auch über die Erhaltung der Kirche als Institution und über die verbliebene romanische Bevölkerung als Vermittler.

Betrachtet man die Kirchenbauten, so ist zwischen den Gemeindekirchen *intra muros*, innerhalb der Stadtmauern, und den Friedhofs- oder Grabkirchen *extra muros*, im Außenbereich der befestigten Siedlungen, zu unterscheiden. Wie das prominente Beispiel der Doppelkirchenanlage unter dem Trierer Dom zeigt, wurden die Gemeindekirchen zumindest in größe-

ren Städten entsprechend repräsentativ ausgeführt. Sie waren in der Regel Sitz eines Bischofs und hatten entsprechende Funktionen zu übernehmen; innerhalb kleinerer städtischer Befestigungen dienten oftmals profane spätantike Bauten nach baulichen Veränderungen als Gotteshäuser. Dies trifft etwa für die Dietkirche in Bonn, die Liebfrauenkirche in Koblenz oder St. Severus in Boppard zu.
Größere merowingische Grabbauten, im Rheinland durch so prominente frühmittelalterliche Beispiele wie die Bauten unter dem Xantener Dom, unter St. Severin in Köln oder unter dem Bonner Münster repräsentiert, zeichnet äußerlich ihre bis in die heutige Zeit stadtbildprägende Wirkung aus. Außerhalb der befestigten Siedlungen und Lager, im Falle Xantens der spätantiken Großfestung, der sogenannten Tricensimae, im Falle Bonns im Süden des Legionslagers, entstanden auf den Gräberfeldern seit dem 4. Jahrhundert kleine Grabbauten. Für deren Identifizierung als christliche Bauten fehlen meist liturgische oder für die Eucharistie nutzbare Einbauten ebenso wie historische Belege.
In der fortgeschrittenen Merowinger- und Karolingerzeit, also zwischen dem 7. und 9. Jahrhundert, kommt es an den genannten Orten zu einer Verbindung der Märtyrerlegenden um den heiligen Viktor in Xanten, Cassius und Florentius in Bonn sowie den Ursula-, Gereon- und Severinlegenden in Köln. Diese werden am Ort tradiert, auf die bekannten oder vermuteten Heiligengräber unter Kirchen fixiert und begründen in der Übergangszeit des 8. bis 10. Jahrhunderts die Entstehung der mittelalterlichen Stadtkerne um die alten Stiftskirchen. Begünstigt wurde diese Entwicklung durch die neu entstehenden städtischen Siedlungs- und Handelsbereiche der Karolingerzeit, die erst wieder ein prosperierendes und annähernd mit dem römischen vergleichbares städtisches Leben ermöglichten.
Thomas Otten

Literatur: M. Schmauder, Grabpflege und Totenkult von der Spätantike zum frühen Mittelalter, in: Spätantike und frühes Mittelalter. Ausgewählte Denkmäler im Rheinischen LandesMuseum Bonn, hg. v. J. Engemann/Ch. B. Rüger, Köln 1991; E. Dassmann, Die Anfänge der Kirche in Deutschland, Stuttgart 1993; H. Ament, Die Franken in den Römerstädten der Rheinzone, in: A. Wieczorek u. a. (Hg.), Die Franken – Wegbereiter Europas. Vor 1500 Jahren: König Chlodwig und seine Erben, Ausstellungskatalog Mannheim, Mainz [2]1997

Die ältere Forschung stellte sich gerne die mehr oder weniger geschlossene Einwanderung des sich im rechtsrheinischen Gebiet grenznah gebildeten Stammes der westgermanischen Franken nach dem Zusammenbruch des römischen Militär- und Verwaltungswesens am Rhein vor. Ein solches Bild gilt es in verschiedene Richtungen zu hinterfragen: Wann und wie endete die römische Herrschaft im Rheinland? Gab es überhaupt eine »volksmäßige« fränkische Aufsiedlung? Wenn ja, wie und wann erfolgte diese? Was wurde aus der im Provinzgebiet vorhandenen Infrastruktur?

Zur Beantwortung dieser Fragen stehen schriftliche und archäologische Quellen zur Verfügung, die unterschiedliche Aspekte beleuchten können. Während die wenigen zeitgenössischen Berichte den politischen Rahmen und kriegerische Auseinandersetzungen widerspiegeln, vermitteln die archäologischen Zeugnisse auch eine Vorstellung von der Dichte der Besiedlung und der Kulturgeschichte.

Rekonstruktion zu St. Severin in Köln, Bau C des 7. Jahrhunderts. Fränkische Bestattungen der Oberschicht gruppieren sich in und um einen ursprünglich spätantiken Grabbau in Form eines Apsidensaals.

DAS ENDE DER RÖMISCHEN HERRSCHAFT Es ist schwer, ein verbindliches Datum für das Ende der Römerherrschaft im Rheinland zu benennen. Vielmehr handelt es sich um einen längeren Ablösungsprozess, der schließlich im 5. Jahrhundert zu neuen Machtkonstellationen führte.

Der mehrmonatige Frankeneinfall in das Provinzgebiet 355/356 im Anschluss an das kurzzeitig bestehende gallische Sonderreich der fränkischstämmigen Generäle Magnentius und Decentius sowie den Usurpationsversuch des ebenfalls halbfränkischen Generals Silvanus in Köln hatte die römische Herrschaft nachhaltig erschüttert. Der damit zu verbindende Katastrophenhorizont ist archäologisch und numismatisch relativ gut fassbar: Dies gilt für die Provinzhauptstadt Köln, noch mehr für die *Colonia Ulpia Traiana* bei Xanten, aber auch für zahlreiche Landgüter (*villae rusticae*). Andererseits belegen die historischen Zeugnisse die zum Teil über mehrere Generationen zu verfolgenden Militärkarrieren fränkischer Adliger und damit tiefgreifende kulturelle Anpassungsprozesse seit dem späten 3. Jahrhundert. Dies gilt umso mehr, da auch ein großer Teil der an der Rheingrenze und in Gallien eingesetzten militärischen Mannschaft fränkischer Herkunft gewesen sein dürfte.

Die Münzen des Usurpators beziehungsweise gallischen Kaisers Magnentius (350 bis 353), der wahrscheinlich auch selbst Christ war, ziert ein auffälliges Christogramm auf der Rückseite. Der General, Sohn eines romanobritischen Provinzialen und einer Fränkin, machte seinen Bruder Decentius zum Mitherrscher. Auch in dessen Namen wurden Münzen geprägt.

Wer waren nun diese Franken? Es handelt sich hierbei um einen seit dem 3. Jahrhundert belegten Sammelnamen für die der römischen Provinz Niedergermanien gegenüber grenznah siedelnden westgermanischen Stämme. Darunter befanden sich der späteren Überlieferung zufolge die Brukterer, Chamaven, Chattuarier und Sugambrer.
Unter großen Schwierigkeiten konnte die römische Zentralmacht die Situation 356 retten, in dem sie den Prinzen Julianus als Feldherrn in die Krisenregion schickte. Die in das Reichsgebiet eingedrungenen Franken siedelte der Nachfahre des großen Constantin 359 als Verbündete an der Rheinmündung (*Toxandria*) an. Unter der folgenden valentinianischen Herrscherfamilie gelang die militärische Konsolidierung noch einmal durch die Konzentration auf kleinere Militärstandorte an der Rheingrenze und im Hinterland.

DIE VERHÄLTNISSE BIS ZUM ENDE DES WESTRÖMISCHEN KAISERTUMS 476 Die großen Veränderungen kamen von außen auf den rheinischen Grenzraum zu. Als im Jahre 406 Wandalen, Alanen und Sweben den Rhein überschritten, stießen sie nach dem Abzug des beweglichen römischen Feldheers nach Italien kaum auf nennenswerte Gegenwehr und fielen in das Provinzgebiet ein. Von ähnlicher Tragweite war der große Hunnenzug um 450 in Gallien, der die Lage weiter destabilisierte und die bestehenden Strukturen in Frage stellte. Es ist interessant, dass wir auf beiden Seiten einen fränkischen Königssohn antreffen: Während der ältere im Lager des Hunnenherrschers Attila stand, gehörte der jüngere zur römischen Partei und wurde nach ihrem Sieg auf den Katalaunischen Feldern 451 vom Heermeister Aetius adoptiert.

FRÄNKISCHE GENERÄLE NUTZEN DIE GUNST DER STUNDE IM RHEINLAND UND IN BELGIEN An dieser Stelle muss auch auf die Problematik der miltärischen Verhältnisse in der Provinz *Germania secunda* mit der Hauptstadt Köln hingewiesen werden. Anders als etwa für Obergermanien mit der Hauptstadt Mainz finden sich keine Reichstruppen in der *Notitia dignatum* angeführt. Nun dürfte die niedergermanische Provinz keineswegs ohne militärische Sicherung gewesen sein. Diese garantierten fränkische Föderaten neben einer rudimentären römischen Zivilverwaltung bis 455, als mit dem Tod Valentinians III. die bisher geleisteten Soldzahlungen ausblieben. Die in der fränkischen Geschichtsschreibung des 7. Jahrhunderts in der sogenannten Fredegar-Chronik als wichtiges Ereignis überlieferte Eroberung von Köln, die 459 oder 461 anzusetzen ist, war wohl wenig mehr als die endgültige Machtübernahme in Stadt und Land durch den für die Rheingrenze zuständigen General, der zugleich fränkischer Fürst war. In Köln bildete sich ein fränkisches Kleinkönigreich heraus, das im wesentlichen das Maas- und Rheingebiet der *Germania secunda* umfasste.

Die wertvolle Kette mit kreuzförmigen Anhängern stammt aus einer reich ausgestatteten Frauenbestattung (um 570/580 n. Chr.), die unter der Kirche St. Severin in einem Steinplattengrab gefunden wurde.

Dies darf freilich nicht vereinzelt betrachtet werden, sondern muss die parallelen Entwicklungen in den benachbarten Gebieten berücksichtigen. Der salfränkische König und römische General Childerich I., beherrschte die Provinz *Belgica secunda* von Tournai aus und zusätzlich vielleicht auch noch Teile des Niederrheins (*Toxandria*). Als Grenze zu der rheinfränkischen Gebietssphäre funktionierte der Kohlenwald (*silva carbonaria*). Die *Belgica prima* unterstand dem in Trier residierenden fränkischstämmigen General Arbogast, dessen Familie bereits seit Generationen an der Mosel ansässig war. Neben diesen drei lokalen fränkischen Machthabern in Köln, Trier und Tournai amtierte weiter westlich der *magister militum Galliarum* als Repräsentant der römischen Zentralmacht. Seit 461 existierte überdies das Königreich der Burgunder mit der Hauptstadt Lyon. Aus römischer Sicht änderte sich formal durch die neuen germanischen Machthaber zunächst wenig, man ging weiter von der Existenz der alten Provinzen aus und erkannte die neuen Herren de facto an. So sprach Sidonius Apollinaris (ca. 430 bis 479) von den »terrae Belgicae sive Rhenanae«, die für ihn als Römer wie selbstverständlich zum Gesamtreich gehörten. In Unruhe versetzt wurde Gallien, als Aegidius im Amt als Heermeister (*magister militum*) 463 zugunsten des Burgunderkönigs abberufen wurde. Während der Salfranke Childerich zu Aegidius stand, der seine Amtsenthebung aus Rom nicht akzeptierte, schloss der rheinfränkische König ein Bündnis mit den Burgundern und ließ seinen Sohn Sigismerus in Lyon eine burgundische Prinzessin heiraten.

Die bronzenen Taschenbeschläge aus Lich-Steinstraß befanden sich in einem fränkischen Frauengrab des 7. Jahrhunderts. Auf der Vorderseite ein Beschlag mit ornamentalem Kreuz. Dabei Knochenanhänger in Keulenform.

Das Bündnis mit den Burgundern und gemeinsame Interessen gegen die expandierenden Alamannen sorgten zunächst für eine gute Machtposition der Rheinfranken. Nach der Absetzung des letzten weströmischen Kaisers 476 gelang den Rheinfranken wohl auch die Eingliederung des zuvor von Arbogast beherrschten Moselraums in ihr Herrschaftsgebiet. Staatsrechtlich konnten danach neue Strukturen bei den Franken entstehen. Der salfränkische König Chlodwig führte einen siegreichen Krieg gegen Syagrius, den letzten Repräsentanten römischer Macht in Gallien (464 bis 486) und verlegte seine Residenz nach Soissons.

SIGIBERT – RHEINFRÄNKISCHER KÖNIG IN KÖLN Das rheinfränkische Königtum dürfte sich aus der Militärorganisation Niedergermaniens in der

Mitte des 5. Jahrhunderts herausgebildet haben. Der Name des Generals, der sich bald nach 455 in Köln als König etablierte, ist nicht genau bekannt. Auf ihn ist aber wohl der Leitname Sigi zurückzuführen, der bei seinem Sohn Sigismerus vorkommt. Ende des 5. Jahrhunderts beherrschte dann Sigibert die Rheinfranken. Er residierte im Kölner Praetorium und verwahrte hier seinen Staatsschatz (*thesaurus*).

In die Zeit der Etablierung des rheinfränkischen Königtums gehören zwei Sarkophage fränkischer Knaben, die bei Ausgrabungen unter der Kölner Kirche St. Severin zutage kamen und in das mittlere Drittel des 5. Jahrhunderts datieren. Die prominente Beisetzung der beiden Knaben in der Mittelachse des steinernen Apsidensaals, der kurz zuvor um Anbauten bereichert worden war, lässt sie vielleicht als Angehörige der Königssippe identifizieren. In die Regierungszeit Sigiberts, also um 500 n. Chr., gehören zwei weitere reiche Grabfunde, die man bei der Severinskirche fand.

In die zweite Hälfte des 5. Jahrhunderts fällt die alamannische Expansion, mit der sich die Rheinfranken konfrontiert sahen. Die Alamannen hatten sich – ähnlich wie die Franken – gegenüber der römischen Provinz Obergermanien als Stammesverband ausgebildet und das Provinzgebiet bis ins Mittelrheingebiet vor Mainz besetzt. Kriegszüge der Alamannen rheinabwärts und in den Moselraum richteten sich Ende des 5. Jahrhunderts gegen die fränkische Herrschaft. Bei der berühmten Schlacht bei Zülpich 496 kämpften Rhein- und Salfranken gemeinsam erfolgreich gegen die eingedrungenen Alamannen: Während König Sigibert schwer am Bein verletzt wurde und eine Gehbehinderung davontrug, konnte der junge Chlodwig den Schlachtenruhm für sich verbuchen. Ein zweiter Krieg gegen die Alamannen wohl bei Straßburg 506 führte zu ihrer weitgehenden Eingliederung in das Frankenreich.

507 unterstützten die Rheinfranken den salfränkischen Feldzug gegen die Westgoten in Südfrankreich.

DAS ENDE DES KÖLNER KÖNIGTUMS UND DIE EINGLIEDERUNG IN DAS REICH DER MEROWINGER Etwa zwei Jahre nach der Vertreibung der Westgoten griff Chlodwig aktiv in die Machtverhältisse des rheinfränkischen Kleinreichs ein. Er veranlasste Sigiberts Sohn Chloderich dazu, den eigenen Vater zu töten und sagte ihm die Unterstützung bei der Machtübernahme zu. Dann trat Chlodwig jedoch in Begleitung seines Heeres als empörter Verwandter auf, klagte Chloderich des Mordes an und ließ sich in Köln selbst auf den Schild heben, um mit diesem Rechtsakt die Einverleibung des rheinfränkischen Königtums in das merowingische Großreich zu dokumentieren, wie Gregor von Tours berichet.

Nach Chlodwigs Tod 511 wurde die *Francia rinensis* wie die eroberten alamannischen Gebiete von seinem ältesten Sohn Theuderich von dessen Herrschaftssitz Reims aus regiert. 515 fielen Dänen am Niederrhein ein, die vom fränkischen Prinzen Theudebert vertrieben wurden. Zur Königsherrschaft gekommen, bemühte sich Theudebert um eine weitausgreifende Expansionspolitik, die ihn 539 selbst zum Feldzug nach Italien führte. Auch seine Münzprägung zeigt den gegen Byzanz gerichteten Herrschaftsanspruch des Merowingers. In Theudeberts Regierungszeit (533 bis 547) gehören die beiden reichen Grabfunde aus dem Kölner Dom, die man – methodisch unzulässig, gemischt historisch und archäologisch argumentierend – mit der Langobardenprinzessin Wisigarde in Verbindung gebracht hat, die seine Verlobte war.

Interessanterweise wurde der 530/535 geborene designierte Erbe des östlichen Reichsteils in Anknüpfung an das eliminierte Kölner Reich Sigibert genannt, der 561 bis 575 von Reims aus regierte. Als Sigibert I. von Reims einem Attentat zum Opfer fiel, brachten ostfränkische Adlige den fünfjährigen Thronerben Childebert II. nach Metz in Sicherheit. Mit der Verlegung der Residenz von Reims nach Metz bildete sich die Bezeichnung Austrasien (*Austrasia*) für das ostfränkische Reichsgebiet aus. 623 kam es zur Schaffung eines Unterkönigtums (*regnum Austrasiorum*) an Mosel, Maas und Rhein von Toul im Süden bis zum Rheinmündungsgebiet, das wohl auch dem Selbstbewusstsein des dortigen Adels Rechnung trug.

Unter der Kirche St. Severin in der Kölner Südstadt ist die Ausgrabungszone konserviert, innerhalb derer auch spätrömische Grab- und Memorialbauten zu sehen sind. Diese bilden die Keimzelle des frühmittelalterlichen Severinsstiftes.

DIE AUSSAGE DER GRABFUNDE DES 5. BIS 7. JAHRHUNDERTS Nach dieser kursorischen Übersicht zu den historischen Quellen bleiben die eingangs genannten Fragestellungen zu resümieren. Der Ablösungsprozess der römischen Herrschaft kann aufgrund der Schriftquellen in der geschilderten Form dabei doch relativ gut nachvollzogen werden, wenngleich Einzelheiten auch unklar bleiben. Problematisch erscheint aber die »fränkische Landnahme« im Rheinland, die keinesfalls mit einem Jahresdatum zu belegen ist. Die Schriftquellen lassen – wenn wir den hier etwas schiefen Begriff der »Landnahme« beiseite lassen wollen – am ehesten an die Zeit der zweiten Hälfte des 5. Jahrhunderts denken, zumal die Kriege gegen die Alamannen 496/497 und 506 sowie die Westgoten 507 eine entsprechende fränkische Bevölkerungsgröße im Rheinland etabliert erschlie-

ßen lassen. Über die Dichte dieser Aufsiedlung geben – bei dem weitgehenden Fehlen von Siedlungsfunden – in erster Linie die Funde der Reihengräberfelder des 5. bis 7. Jahrhunderts Aufschluss.
Hier sind zunächst die fränkischen Gräberfelder von Interesse, deren Belegung in der Mitte und der zweiten Hälfte des 5. Jahrhunderts einsetzt, beziehungsweise eine Kontinuität zur spätrömischen Zeit aufweist. Hinzu kommen dann im frühen 6. Jahrhundert neu angelegte Reihengräberfelder. Diese sind mit einem Zuzug von Bevölkerung in Verbindung zu bringen. Hierbei ist zunächst an eine erneute Einwanderung aus den rechtsrheinischen fränkischen Siedlungsgebieten in Westfalen, dem Bergischen Land und dem Westerwald zu denken. Andererseits dürfte die Integration des rheinfränkischen »Kölner Königtums« in das Merowingerreich Chlodwigs mindestens zu einem teilweisen Austausch der tonangebenden Führungsschicht, vielleicht auch zur Ansiedlung von fränkischer Bevölkerung aus Gallien geführt haben. Weiterhin ist zu berücksichtigen, dass die Expansion des Merowingerreichs zulasten von Alamannen und Thüringern auch zu einer Umsiedlung aus diesen Gebieten geführt haben kann.
Erstaunlich viele Reihengräberfelder wurden dann in der zweiten Hälfte des 6. Jahrhunderts bis zum frühen 7. Jahrhundert neu gegründet. Dafür dürfte nun weniger eine intensive Hinzusiedlung als ein Landesausbau mit der Neuanlage von Siedlungen in Form von Weilern und Dörfern verantwortlich sein.
Bernd Päffgen

Literatur: E. Ewig, Frühes Mittelalter. Rheinische Geschichte 1, 2, Düsseldorf 1980; ders., Die Merowinger und das Frankenreich, Stuttgart 1997; D. Geuenich (Hg.), Die Franken und die Alamannen bis zur »Schlacht bei Zülpich« (496/7). Ergänzungsbände zum Reallexikon der Germanischen Altertumskunde 19, Berlin 1998; E. Nieveler, Merowingerzeitliche Besiedlung. Archäologische Befunde in den nördlichen Rheinlanden. Geschichtlicher Atlas der Rheinlande, Beiheft IV/10, Bonn 2006; B. Päffgen, Die Ausgrabungen in St. Severin zu Köln. Kölner Forschungen 5, 1–3, Mainz 1992; ders., Merowingerzeitliche Siedlungsfunde im nördlichen Rheinland unter besonderer Berücksichtigung der Ergebnisse im Braunkohlenrevier, in: Ländliche Siedlungen zwischen Spätantike und Mittelalter, Archäologie und Museum 33, Liesthal 1995, S. 145–159; ders., Romanen, Franken und Sachsen – Die Merowingerzeit in Nordrhein-Westfalen, in: Millionen Jahre Geschichte. Fundort Nordrhein-Westfalen, Schriften zur Bodendenkmalpflege in Nordrhein-Westfalen 5, Mainz 2000, S. 139–145; ders., Franken erschüttern Roms Herrschaft am Rhein, in: Archäologie in Deutschland Heft 6/2005; A. Wieczorek u. a. (Hg.), Die Franken – Wegbereiter Europas. Vor 1500 Jahren: König Chlodwig und seine Erben, Ausstellungskatalog Mannheim, Mainz [2]1997

IDENTITÄTEN IM UMBRUCH
ETHNISCHE STRUKTUREN IM FRANKENREICH

Im Gegensatz zu anderen frühmittelalterlichen Staatenbildungen – etwa der Goten, Wandalen oder Langobarden – stand am Anfang des Frankenreichs keine Einwanderung oder Ansiedlung eines barbarischen Militärverbands. Ausgehend von den administrativen Strukturen des zusammenbrechenden Römischen Reiches entwickelte es sich vielmehr im Zuge eines langfristigen Transformationsprozesses, der auch die Identität der Menschen radikal veränderte.

Grundlegend für das Verständnis der ethnischen Strukturen im Frankenreich ist die Tatsache, dass Gruppenbezeichnungen wie »Franken« oder »Römer« in dieser Zeit keine fest umrissenen und stabilen ethnischen Gemeinschaften bezeichneten, sondern in ihrem Inhalt zwischen ethnischen, politischen, militärischen, kulturellen, religiösen und rechtlichen Ebenen schwankten – gerade im hier behandelten Zeitraum durchliefen sie dramatische Bedeutungsverschiebungen. Mit den gleichlautenden älteren Verbänden der spätantiken *Germania* hatten die Völker des Merowingerreichs kaum mehr als die Namen gemeinsam; im Wesentlichen entstanden sie erst innerhalb des Frankenreichs als Produkte der sich wandelnden politischen und sozialen Rahmenbedingungen.

Den Ausgangspunkt für die Neuformierung ethnischer Identitäten im Frankenreich bildeten die politischen Umwälzungen des 5. Jahrhunderts, die zu einer politischen Zweiteilung Galliens führten: Im Süden etablierten sich ab 418 beziehungsweise 443 die Reiche der Westgoten und Burgunden, der Norden und die Gebiete am Rhein unterstanden dagegen nominell zunächst weiterhin der römischen Zentralregierung. De facto regierten hier jedoch verschiedene Militärbefehlshaber römischer und barbarischer Herkunft. In der zweiten Hälfte des 5. Jahrhunderts entbrannte zwischen diesen »Warlords« ein brutaler Machtkampf, aus dem schließlich der Frankenkönig Chlodwig als Sieger hervorging.

Für die Bevölkerung der gallischen und germanischen Provinzen bedeuteten diese Umwälzungen nicht nur eine Zeit der existenziellen Unsicherheit, sie erschütterten auch ihr Selbstverständnis nachhaltig. Am deutlichsten lässt sich dieser Prozess bei der traditionellen römischen Elite verfolgen, dem senatorischen Adel, der auf diese »Identitätskrise« mit vielfältigen Strategien reagierte.

Eine große Rolle spielte zum einen die Kirche: Im Laufe des 5. Jahrhunderts monopolisierte der senatorische Adel die Bischofsämter weitgehend für sich und sorgte gleichzeitig dafür, dass die Bischöfe viele administrati-

Kapselanhänger wurden im Frühmittelalter als Schmuck auf der Brust oder am Gürtel getragen. In den aufklappbaren Behältern, deren Vorbilder in der römischen Antike liegen, bewahrte man verschiedene Inhalte auf, oftmals in Amulettfunktion. Das Stück aus Engers ist mit konzentrischen Kreisen, Flechtband- und Rosettenmuster verziert.

ve Entscheidungsbefugnisse übertragen bekamen. Zum anderen näherte er seine ursprünglich zivil geprägte Lebensform immer stärker dem militärisch geprägten Repräsentationsstil der neuen Herren an.
Spätestens nach dem Übertritt Chlodwigs zum katholischen Glauben stand einem dauerhaften Ausgleich nichts mehr im Wege. Im Gegenteil: Offenbar übte der alternative, militärisch geprägte Lebensstil der Franken eine große Anziehungskraft auf die provinziale Bevölkerung aus.
Der Begriff »Franke« war ursprünglich eine Sammelbezeichnung der Römer für alle Bewohner des rechtsrheinischen Vorfelds der römischen Provinz Niedergermanien. Im Reich Chlodwigs bezeichnete er zunächst die militärischen und politischen Gefolgsleute der Merowingerkönige und zwar letztlich unabhängig von deren Herkunft. In der Folge wurde der Begriff immer vielschichtiger: Als wichtig erwies sich zunehmend die rechtliche Dimension, denn für Franken galt das fränkische Recht, die *Lex Salica*, dessen Geltung sich ebenfalls nicht nach der Abstammung richtete, sondern territorial beschränkt war auf den fränkischen Kernraum nördlich der Loire.
Ausgehend von diesen politischen, militärischen und rechtlichen Realitäten entwickelte sich unter den Bewohnern des fränkischen Kernraums ein immer engeres Zusammengehörigkeitsbewusstsein, das sich allmählich zu einer ethnischen Identität verdichtete: Das heißt, ungeachtet der tatsächlichen Gegebenheiten begannen seine Bewohner an eine gemeinsame Herkunft aller Franken zu glauben.
Diese Identität bestand auch fort, als im Laufe des 7. Jahrhunderts die Merowingerkönige ihre Macht immer mehr an ihre Hausmeier und die regionalen Machthaber an der Peripherie verloren. In den Kerngebieten des Frankenreichs in Nordgallien und am Rhein formierten sich drei Teilreiche, deren Eliten in der jüngeren Merowingerzeit ein ausgeprägtes Selbstbewusstsein entwickelten: Im Nordwesten Frankreichs entstand das Teilreich Neustrien, im Nordosten und am Rhein das Teilreich Austrasien. Das Teilreich Burgund im Südwesten leitete seinen Namen vom älteren Burgunderreich her.
Bedeutsam für die weitere Ausbildung ethnischer Strukturen im Frankenreich waren schließlich auch die Herzogtümer (Dukate) in den Randgebieten des Merowingerreichs. Diese bildeten zum Teil eigene Rechtsräume und standen in der jüngeren Merowingerzeit zeitweilig unter der Herrschaft weitgehend eigenständiger Herzogsdynastien. In Südwestfrankreich entwickelte sich das Herzogtum Aquitanien, dessen Bewohner sich im 7. Jahrhundert zunehmend erneut als »Römer« zu begreifen begannen. In den rechtsrheinischen Gebieten bildeten sich stabile ethnische Identitäten besonders im alamannischen Herzogtum im heutigen Südwestdeutschland und der Nordschweiz sowie im östlichen angrenzenden Dukat der Bajuwaren heraus.
Hubert Fehr

Spangenhelme wie dieser aus dem Grab eines adligen Herren bei Morken waren der Oberschicht vorbehalten. Sie kommen im 5. und 6. Jahrhundert an vereinzelten Fundorten in ganz Mitteleuropa vor und sind byzantinischen Ursprungs. Der Stirnreif des Helmes trägt eine Unheil abwehrende Maskendarstellung, von zwei Löwen flankiert.

Das Goldblattkreuz der ersten Hälfte des 8. Jahrhunderts stammt aus dem reichen Frauengrab 136 unter der Kirche St. Peter in Rommerskirchen. Das dünne Goldblech war auf einem Schleier oder einer Haube aufgenäht. Es ist das nördlichste und zugleich jüngste Zeugnis dieser ursprünglich langobardischen Grabsitte.

Die prächtige goldene Scheibenfibel aus Hürth-Efferen mit dem im Zentrum stehenden gleicharmigen Kreuz und den fischförmig angelegten Ornamenten könnte von einer christlichen Fränkin getragen worden sein.

Literatur: S. Brather, Ethnische Interpretationen in der frühgeschichtlichen Archäologie, Berlin, New York 2004; J. F. Drinkwater (Hg.), Fifth-century Gaul: a crisis of identity?, Cambridge 1992; E. Ewig, Volkstum und Volksbewusstsein im Frankenreich des 7. Jahrhunderts, in: ders., Spätantikes und fränkisches Gallien, Bd. 1, München 1976, S. 213–273; ders., Die Merowinger und das Frankenreich, 4Stuttgart 2001; B. Jussen, Über »Bischofsherrschaften« und die Prozeduren politisch-sozialer Umordnung in Gallien zwischen »Antike« und »Mittelalter«, Historische Zeitschrift 260, 1995, S. 673–718; ders., Liturgie und Legitimation, oder: Wie die Gallo-Romanen das römische Reich beendeten, in: ders./R. Blänkner (Hg.), Institutionen und Ereignis. Über historische Praktiken und Vorstellungen gesellschaftlichen Ordnens, Göttingen 1998, S. 75–136

Der Helm aus Planig in Rheinhessen gehört zum gleichen Typus wie die Helme aus Morken oder Halle. Er stammt aus einem reich ausgestatteten Grab des frühen 6. Jahrhunderts, unmittelbar neben einer Straßenstation an der Römerstraße Bingen-Kreuznach-Alzey. Die christlichen Kreuze lassen keine Rückschlüsse auf das Bekenntnis des Besitzers zu, sondern entstammen wie die übrigen Verzierungen des Helms dem allgemein üblichen Ornamentspektrum byzantinischer Feinschmiedearbeiten.

Ältere werden durch die Lektüre der Götter- und Heldensagen ihrer Jugendzeit noch eine gewissen Ahnung von germanischen Göttermythen haben. Für die meisten Jüngeren ist das eine völlig fremde Welt. Angesichts der Germanentümelei des Nationalsozialismus ist verständlich, warum das Thema lange Zeit öffentlich tabuisiert war. Umfangreiche, oft populäre Materialsammlungen stammen aus dem 19. und dem ersten Drittel des 20. Jahrhunderts, auch schon manche quellenkritische Wertung. Neuerer Forschungsstand verbirgt sich hingegen in Fachpublikationen, meist gelehrten Spezialuntersuchungen zu Detailproblemen. Ein kürzlich erschienenes Buch Rudolf Simeks, das wieder einen Überblick wagt, hat den Vorzug, kritisch Altes von Neuem, Fragwürdiges von Verlässlichem zu trennen. Es führt so eindrucksvoll vor Augen, wie wenig wir wirklich über die Religion der Germanen wissen.

Beschlagblech einer Schwertscheide des 7. Jahrhunderts (Gutenstein, Kreis Konstanz). Das Relief zeigt einen als Wolf maskierten Krieger, eine typisch gemanische Vorstellung der Mensch-Tierverwandlung.

Dass es EINE Religion DER Germanen gegeben habe, ist eine Fiktion, zu der die schlechte Quellenlage zwingt: Will man nicht überhaupt auf Erkenntnis verzichten, so muss man Bruchstücke zusammensuchen und schauen, was es überhaupt gibt, zunächst ohne Rücksicht auf Zeit und Raum.

Die Germanen der Antike und des frühen Mittelalters hatten keine eigene erzählende Schriftlichkeit. Ihre Runen – Buchstaben und Zauberzeichen zugleich – dienten nur zu kurzen Mitteilungen oder Beschwörungsformeln.

Ältere antike Autoren, allen voran Cäsar und Tacitus, berichteten vom Hörensagen und ohne ethnologisches Interesse, christliche Kleriker allenfalls mit Abscheu vor heidnischem Götzendienst und daher stets tendenziös und oberflächlich. Formeln und literarische Versatzstücke haben alle verwendet, was den Wert der Einzelaussage oft erheblich mindert. Das gilt auch für offizielle kirchliche Quellen (etwa Predigten, Bußkataloge und Abschwörungsformeln), die sich vor allem gegen »heidnische« Kulthandlungen und Gewohnheiten wandten. Es ist oft unsicher, ob mit den formelhaften Erwähnungen von heidnischen Bräuchen überhaupt germanische Religion beschrieben wird oder etwa ein gallo-römisches Neuheidentum.

Reichlicher vorhanden sind die Texte erst im mittelalterlichen Skandinavien. Der isländische Häuptling und Dichter Snorri Sturluson hat im 13.

Hölzerne Götterfiguren aus einem Moor bei Braak, Kreis Eutin, um 500 v. Chr.

Jahrhundert zum Wohle der Dichtkunst alte Texte zusammengetragen und auch selbst ein Handbuch zum Verständnis traditioneller Dichtung herausgegeben. Mag auch manches noch älter sein, so reicht doch wenig sicher über das 9. Jahrhundert zurück. Ohne dass sich das immer erkennen ließe, ist manches auch schon christlich überformt. Trotzdem sind die von Snorri kompilierten Texte die wichtigste Quelle zur germanischen Religionsgeschichte, nicht nur der Skandinaviens.

Bedrohung und Errettung: Ein Mensch zwischen zähnefletschendem Dämon und heilverkündendem Eber.
Beschlag mit unheilabwendender Funktion, gefunden bei Dietersheim, Kr. Bingen. 6. Jahrhundert (Inv.-Nr. N 1934).

Die Archäologie hat ganz andere Quellen, sie liefert dingliches Anschauungsmaterial, vor allem zu Kult- und Grabbräuchen. Grundsätzlich aber gilt, dass wir die tiefere Bedeutung von religiösen Objekten nur erkennen können, wenn schriftliche Überlieferung den Schlüssel dazu liefert.

Die gewaltsame Zusammenschau solcher Überlieferungsfetzen, zu der die Lückenhaftigkeit der Quellen zwingt, darf nicht darüber hinwegtäuschen, dass es wahrscheinlich deutliche Unterschiede in der Verbreitung religiöser Vorstellungen gegeben hat und dass diese nicht statisch waren, sondern sich im Laufe der Zeit wandelten. Was welcher Stamm im Einzelnen wann geglaubt hat, ist nicht erfahrbar.

Das gilt auch für die Franken. Durch enge Kontakte zum römischen Reich spätestens seit der Mitte des 3. Jahrhunderts waren sie wohl mit römischer Götterwelt und später mit dem Christentum vertraut, vor allem jene, die bereits ins römische Reich integriert waren.

Solche Kontinuitätsstränge könnte eine Sage illustrieren, die für das 6. Jahrhundert überliefert ist. Danach werden die Seelen der Toten von der Küste des Frankenreiches aus mit Schiffen zu einem in Britannien gelegenen Totenreich überführt. Diese Vorstellung ist wohl eher antiken gallorömischen als frühmittelalterlich-fränkischen Ursprungs. Dazu mag passen, dass die Sitte, den Toten einen »Charonspfennig« beizugeben, sowohl in römerzeitlichen als auch fränkischen Gräbern zu beobachten ist.

Es gab also wahrscheinlich schon im 5. Jahrhundert bei den Franken keine »reine« germanische Religion mehr. Darauf weist auch die Leichtigkeit hin, mit der König Chlodwig (wohl bei der Heeresversammlung im Jahre 498) den Übertritt des fränkischen Stammes zum Christentum durchsetzen konnte.

Odin als Heiler. Einen Zugang zu diesem Mythos erlaubt einer der berühmten »Merseburger Zaubersprüche«, überliefert in einem Manuskript des 9. Jahrhunderts: Der zauberkundige Odin heilt das verrenkte Bein eines Pferdes. Auch die Runen symbolisieren den Zauber. Goldener Amulettanhänger aus Schonen (Schweden). 6. Jahrhundert (Inv.-Nr. C 1053).

Die germanische Religion kannte keine Doktrin und daher auch keine Orthodoxie, sie kannte auch keine göttlichen Gebote. Das Wissen über die Götter wurde in Form von Mythen vermittelt. Vor allem Frauen waren es, denen man als Seherinnen einen besonders engen Kontakt zur überirdischen Welt zutraute.

Die ganze Umwelt stellte man sich als belebt und beseelt vor, das galt nicht nur für Lebewesen, sondern auch für Dinge. Dies und die Vorstellung von der Möglichkeit, durch Verwandlung (vor allem in Tiere) grenzüberschreitende Erfahrungen zu machen, auch die Ansicht, dass heilige Orte vor allem in der Natur zu finden seien (Haine, Seen, Moore, Felsen), zeigt starke Anklänge an archaische Naturreligion.

Der Ursprung der Götter geht nach germanischer Vorstellung auf Tvisto zurück, ein übernatürliches Wesen, in dem das männliche Prinzip mit dem weiblichen vereint ist. Ihm wurde die Schöpfung der Welt zugeschrieben. Die Ausbildung eines regelrechten Götterhimmels scheint einer jüngeren Entwicklungsstufe anzugehören. Neben einer Vielzahl von Göttern und Göttinnen mit oft allenfalls regionaler Wirkung sind einige wenige zu erkennen, die allgemeine, überragende Bedeutung hatten: Wodan (bei den Nordgermanen: Odin), Donar/Thor, Freyr, Frija/Frigg und Freya.

Tacitus nannte als germanische Hauptgötter Hermes, Hercules und Mars, dazu Isis. Die männliche Dreiergruppe findet man noch in einem sächsischen Taufgelöbnis des 8. Jahrhunderts als Wodan, Donar und Saxnot, letzterer hier mit seinem sächsischen Sondernamen (»Schwertgenosse«), der für den alten Kriegsgott Zîo (Tîwaz)/Týr steht. Die römische Gleichsetzung von Wodan mit Merkur muss nicht so sehr überraschen; offenbar stand dabei deren Funktion als Totenführer im Vordergrund.

Dieses Beispiel zeigt, dass man zumindest für die genannten Götter eine langlebige und weitverbreitete Verehrung annehmen darf.

Frija (nordisch: Frigg) bedeutet eigentlich »Frau« und steht damit für die weibliche Gottheit schlechthin. Sie trat wie selbstverständlich zum mächtigsten der Götter, Wodan/Odin.
Diese und andere Götter verehrte man, ihnen opferte man (als Bitte um Hilfe oder Zeichen des Dankes) an heiligen Plätzen Tiere und Dinge, seltener Menschen. Die Archäologie kann für diesen Ausschnitt des Kultes Anschauungsmaterial bereitstellen. Aus großen Mooropferplätzen, wie zum Beispiel Nydam und Thorsberg an der Ostküste der jütischen Halbinsel, stammen reichhaltige Opfergaben. Ein an einem See gelegener, eingehegter Kultplatz mit Überresten von Opferhandlungen und Götterbildern wurde bei Oberdorla in Thüringen ausgegraben. Hier wie auch sonst handelt es sich um recht grob zurechtgehauene Pfahlidole. Solche archäologischen Belege reichen weit in vorchristliche Zeit zurück und widersprechen damit einer Bemerkung des Tacitus, die Germanen stellten ihre Götter nicht bildlich dar. Noch im 10. Jahrhundert sah der arabische Reisende Ibn Fadlan solche »Pfahlgötter« bei wikingischen Händlern an der Wolga. Dieses Beispiel bezeugt weite Verbreitung solcher Erscheinungen über Raum und Zeit hinweg.
Tacitus verdanken wir eine Schilderung des Kultes der Fruchtbarkeitsgöttin Nerthus, deren zeremonielle Umfahrt auf einem Wagen bei einigen Stämmen an der Ostsee üblich war. Hier verband sich offenbar Altes (die Vorstellung einer »Großen Erdmutter«, die Aufbewahrung des Kultwagens in einem heiligen Hain und die rituelle Reinigung in einem See, auch die damit verbundenen Menschenopfer) mit Neuerem (die Personifizierung der Göttin, wohl auch ihre bildliche Darstellung, die ethnische und religiöse Differenzierung durch die Bildung eines Kultverbandes).
Nach der nordischen Überlieferung dachte man sich die Götter in Asgard (Welt der Asen), die bekannte Umwelt der Menschen nannte man Midgard (»Mittelwelt«), das Unbekannte, oft auch Bedrohliche hieß Utgard (»die Welt da draußen«). Erst die mittelalterliche isländische Überlieferung und noch jüngere Interpretation ordnete diese drei Welten vertikal an, verbunden durch einen Baum, die »Weltesche« Yggdrasill (die Vorstellung eines Weltenbaumes als Himmelsstütze ist im Prinzip sehr alt und weit verbreitet. Auch die sächsische Irminsûl, die die Franken 772 zerstörten, gehört vielleicht in diesen Zusammenhang).
Nach der ältesten, bei den Germanen unter der Bezeichnung »Muspell« offenbar allgemein verbreiteten Vorstellung wird die Welt durch Feuer vernichtet. In der jüngeren skandinavischen Umformung wurden daraus die »Ragnarök«, der Endkampf der Asen mit den Riesen aus Utgard, in dem alles zugrunde geht.
Der Weltuntergang erfasst alle Sphären, also auch das Jenseits. Die germanische Vorstellung von dem, was die Gestorbenen bis dahin erwartet, sind für modernen Geschmack seltsam diffus und auch widersprüchlich; es

gab kein eindeutiges Konzept. Die Menschen haben demnach keine Seele im christlichen Sinn. Oft bleiben die Toten in ihren Gräbern und führen dort ein unheimliches Dasein, nicht selten die Lebenden heimsuchend. Die auf dem Schlachtfeld ehrenvoll Gefallenen (Einherier) gehen, von den Walküren als Totenführerinen geleitet, ein in Walhall, die Festhalle Odins, wo sie zechen und schmausen bis zum Endkampf der Götter, in dem sie als Gefolgsleute ihrem Herrn Odin beistehen. Die auf dem Meer Ertrunkenen gehen ein ins Reich der Meeresgöttin Ran. Wer nicht zu diesen beiden Gruppen gehört, bleibt im Reich der Hel: ein nebulöser, wertfreier Aufenthaltsraum, weder gut noch böse.
So ganz ohne Trost war aber auch die germanische Vorstellungswelt nicht. Sie kannte den Mythos vom Selbstopfer Odins. Der Gott, sich selbst zum Opfer bestimmt, am Opferbaum hängend und mit dem Speer gezeichnet, wird durch die Erkenntnis heilsmächtiger Runen befreit. Die Vorstellung vom Opfer des Gottes (im Christentum: des Gottessohnes) und das Bild vom Leiden am Opferbaum (beziehungsweise dem Kreuz), auch der Lanzenstich wirken dem Christentum entlehnt (dafür spricht zunächst auch die späte schriftliche Überlieferung), doch könnte beides schon in vorchristlicher Zeit bekannt gewesen zu sein. Wortbilder der Skaldendichtung und Darstellungen auf Amuletten – sogenannte Goldbrakteaten – weisen darauf hin. Entweder illustriert der Mythos also die Umwandlung christlicher Inhalte ins Germanische oder aber ein bereits vorhandener Errettungsmythos erleichterte später das Verständnis der christlichen Heilsbotschaft.
Der wesentliche Unterschied zum Christentum ist dies: Der germanische Opfer- und Errettungsmythos hatte mit den Menschen selbst nichts zu tun, er blieb für sie ohne unmittelbare Folgen. Im Christentum hingegen bedeutet das Selbstopfer des Gottes in Gestalt seines Sohnes Wiederauferstehung und ewiges Leben für alle. Das ist eine Botschaft mit durchschlagender Wirkung. Es liegt auf der Hand, dass das Christentum mit seinem klaren Erlösungsversprechen vor dem eher vagen germanischen Hintergrund starke Argumente hatte.
Jochen Giesler

Literatur (genannt seien hier nur vier Beispiele, die den Gang der Forschung kennzeichnen können): W. Golther, Handbuch der Germanischen Mythologie, 1895, Neudruck 2004; J. de Vries, Altgermanische Religionsgeschichte, Bände 1–2, 1935, 1937; völlig überarbeitete Auflage 1956, 1957; Nachdruck 1970; Germanische Religionsgeschichte. Reallexikon der Germanischen Altertumskunde[2], Ergänzungsband 5, 1992; R. Simek, Religion und Mythologie der Germanen, 2003

KIRCHLICHE UND MONASTISCHE STRUKTUREN Für die Spätantike sind in Gallien und Germanien rund 50 Bischofssitze nachgewiesen. Gegen Ende des 5. Jahrhunderts können mehr als doppelt so viele gezählt werden. Trotz der vergleichsweise schlechten Überlieferungslage und einer oft für das 5. und frühe 6. Jahrhundert anzunehmenden Unterbrechung der Bischofslisten, gerade für das Rheinland, scheint sich im frühfränkischen kirchlichen Ordnungs- und im Herrschaftssystem doch eine Übernahme der spätantiken Verwaltungsstrukturen zumindest im Bereich der Diözesen anzudeuten. Für die Bischöfe ist schon seit dem ersten dem Christentum zugewandten Frankenkönig Chlodwig eine Erweiterung ihrer Machtbefugnis mit einer bis in den profanen Bereich reichenden Rolle verbunden gewesen. Die an die ehemaligen römischen Hauptstädte (*civitates*) gebundenen rheinischen Bischofssitze in Tongeren, Köln, Trier, Mainz, Speyer, Worms, Straßburg und Kaiseraugst bei Basel zeigen deutliche Bezüge zur politischen Landesgliederung römischer Zeit. Die Bischofsherrschaft in der frühen Merowingerzeit befand sich größtenteils in den Händen der alten provinzialromanischen Senatsaristokratie und verband weltliche und geistliche Macht. Sie führte vor allem in Gallien, aber auch an Rhein und Mosel das spätantike System mit der bischöflichen *civitas* als Zentrum weiter. Diese frühen Bischofssitze besaßen eine enorme Ausstrahlung auf die Region. Der Ortsbischof war in der römischen wie auch in der fränkischen Kirchenpolitik die bestimmende Person. Herausragende Charaktere wie der Geschichtsschreiber Gregor von Tours sind charakteristische Vertreter dieses senatorischen Adels, der als Vermittler zwischen romanischer Tradition und fränkischer Neuorientierung wirkte.

Für die rheinischen Zentren des frühen Christentums ist nach der spätrömischen eine zweite Welle der Christianisierung anzunehmen, die in den Bemühungen des Frankenkönigs Theuderich I. (511 bis 533) wurzelt. Er holte im ersten Drittel des 6. Jahrhunderts sogar Kleriker aus der Auvergne nach Trier, um das rhein-moselländische Christentum neu zu beleben. Wahrscheinlich wurden die Bischofssitze an der ehemaligen Reichsgrenze am Rhein erst jetzt wieder eingerichtet, mindestens aber mit einer neuen Organisation ausgestattet und gestärkt. Seit der zweiten Hälfte des 6. Jahrhunderts gingen dann auch von diesen Orten eigene Impulse aus, wie etwa die Aktivitäten des Kölner Bischofs Eberigisil in Xanten zeigen. Interessanterweise weist der Name Eberigisil auf eine Familie hin, deren Ursprünge im elsass-lothringischen Gebiet zu suchen sind. Große Mobilität und an die Zugehörigkeit zu bedeutenden Familien gebundener Einfluss zeichnen diesen Abschnitt frühchristlicher Bischofsherrschaft aus, während die Spätantike meist einzelne charismatische Persönlichkeiten prägten. Diese waren nicht selten aus den östlichen Bereichen des römischen Imperiums nach Gallien und Germanien gekommen.

Ausschnitt aus der Rekonstruktion der Vorgängerbauten unter dem Kölner Dom. Dargestellt ist die merowingische Kirche des späten 6. Jahrhunderts, die mit Baptisterium und aufwendiger Kanzelanlage ausgestattet war.

Vorhergehende Doppelseite: Der spätantike Saalbau von St-Pierre aux Nonnains in Metz wurde im Frühmittelalter in eine Kirche umgewandelt. Wohl im 7. Jahrhundert teilte man den Raum mittels reich verzierter steinerner Schranken, die zum Teil mit christlichen Motiven versehen sind.

MISSIONIERUNG UND KLOSTERGRÜNDUNGEN Aus dem christianisierten Britannien brachen ab dem 6. Jahrhundert einzelne angelsächsische Mönche und Kleriker als Missionare zu Friesen und Altsachsen auf dem Kontinent auf. Fränkisches Siedlungsgebiet geriet ab 592 unter den Einfluss der iroschottischen Mission des Columban. Diese begann in Gallien mit der Gründung des Klosters Luxeuil (Burgund) und war im Wesentlichen nach Süden ausgerichtet.

Der Kontakt Columbans zum fränkischen König Sigibert begünstigte die Etablierung der Klostergründungen im Frankenreich und vor allem den Zustrom von Angehörigen der führenden fränkischen Familien in die Klöster. Wie in anderen Regionen auch, war erst das 8. Jahrhundert ein wirklich monastisches Jahrhundert, in dem eine nennenswerte Zahl an Klostergründungen stattfand.

Deutlich zu spüren ist das Wirken des Angelsachsen Willibrord aus Northumbrien (658 bis 739), Bischof von Utrecht und Gründer des Klosters Echternach, dessen frühe Schaffensphase erheblich von der kirchenfreundlichen Atmosphäre unter Hausmeier Pippin dem Mittleren von Herstal (um 635 bis 714) profitierte. Willibrord begab sich unter dessen Schutz und wurde später mit der bedeutenden Domäne Echternach bedacht. Von Papst Sergius I. scheint er Ende des 7. Jahrhunderts zur Missionierung der Friesen im Gebiet um Utrecht mit einer gewissen Handlungsfreiheit ausgestattet worden zu sein, die aus den politischen Rahmenbedingungen resultiert haben könnte: Die neue Verflechtung von Kirche und Staat sowie das sich ständig ausbreitende fränkische Machtzentrum erforderten hinsichtlich der kirchlichen Organisation eine gewisse räumliche und politische Flexibilität, die Willibrord mitbrachte.

Bonifatius aus Wessex, ein weiterer Angelsachse (672/675 bis 754), gilt ebenfalls als einer der gebildeten Vertreter der frühen Missionare mit besten Kenntnissen der klassischen Literatur, der das Evangelium predigte und in größerem Umfang Klosterneugründungen betrieb. Seine Stationen führten ihn über Dorestad im Rheinmündungsgebiet und Rom ab 722 vermutlich im Auftrag Papst Gregors II. auch nach Hessen, Thüringen und Bayern. Schließlich wurde er 747 Bischof von Mainz und führte persönlich sogar den Titel Erzbischof.

Im Saarland ist die Gründung des Mauritiusklosters von Tholey hervorzuheben, über die wir durch das Testament des Adalgisel Grimo von 634 informiert sind. Die Unterzeichner Bischof Paulus von Verdun und Arnulf von Metz, der Führer des austrasischen, also ostfränkischen Adels, unterhielten beste Kontakte zum neustrischen, also westfränkischen Hof Chlothars II. Im Verlauf des 7. Jahrhunderts festigte sich die Hausmacht der Karolinger und damit die Position Austrasiens; dadurch kam es zu einem politischen Dualismus der Karolinger und Merowinger im 7. und im ersten Drittel des 8. Jahrhunderts.

Fast symbolisch für die Entwicklungen der fränkischen Zeit ist die Zweitverwendung eines römischen Weihesteines für Mithras, der durch ein christliches Kreuz gekennzeichnet wurde und als Grabinschrift für einen Felix in Remagen fungierte.

Dem folgte eine Phase der Konsolidierung kirchlicher beziehungsweise bischöflicher Macht unter Pippin d. J., die vor allem in Nordgallien zu einer Vorform der karolingischen Renovatio führte. Kunsthistorisch äußert sich diese in der Architektur, aber zum Beispiel auch in einer regen Kopiertätigkeit in den Scriptorien (Schreibateliers) der Klöster Corbie, Fleury, St-Martin in Tours, St. Gallen und Fulda. Diese Entwicklungen scheinen sich auch in den Nachbarregionen abgespielt zu haben, wie das entsprechende Wirken des Beda in England oder das des Paulus Diaconus in Italien belegen.

EIGENKIRCHEN Im Gefüge zwischen weltlicher und geistlicher Macht stellt das Eigenkirchenwesen eine Besonderheit dar. Reiche Adelige und mächtige Herren errichteten sich Familiengrablegen, die zu Kirchen wurden oder Kirchen, in denen ihre Familiengrablegen an prominenter Stelle angelegt wurden. Man kann darin einen Versuch der Oberschicht erkennen, ihren Machtanspruch auch in der Wahl des Begräbnisplatzes zu dokumentieren und gegenüber den Bischöfen zu verteidigen. Die Eigenkirchenherren beanspruchten gewissermaßen als Legitimation ihres Herrschaftsanspruches, auch für religiöse Handlungen Sorge zu tragen. Spätestens seit Papst Gregor dem Großen (um 540 bis 604) gab es dazu seitens der Kirche eine deutlich reservierte Haltung. Besonders bei den Alamannen, aber auch im alten fränkischen Reichsgebiet kam es jedoch seit dem 6. Jahrhundert und bis in die Karolingerzeit zu zahlreichen Gründungen solcher Eigenkirchen. Gerade auf dem Land trugen diese, als Teile weit verzweigten Gutsbesitzes, zu einer umfassenden Christianisierung auch außerhalb der Zentren maßgeblich bei.

LÄNDLICHE KIRCHENBAUTEN Die wenigen bekannten Kirchen dieser Zeit außerhalb der Städte gehören überwiegend zu ländlichen fränkischen Herrschaftszentren oder befinden sich an seit alters her verehrten Plätzen. Auf dem Land fasste das Christentum offenkundig erst spät Fuß. Das mag aber auch damit zusammenhängen, dass die fränkische Besiedlung des ländlichen Raumes erst im Laufe des 6. Jahrhunderts archäologisch fassbar wird. Die frühesten bekannten Kirchen außerhalb der Siedlungszentren stammen aus dem späteren 7. Jahrhundert. Soweit bekannt, sind es einfache Holzkirchen, von denen nur Verfärbungen, sogenannte Pfostenlöcher übrig geblieben sind. Bauschmuck in Form von Schnitzwerk könnte ihnen ursprünglich durchaus repräsentativen Charakter verliehen haben, wie jüngere Beispiele von Stabkirchen aus Skandinavien zeigen.

ZUR ARCHÄOLOGISCHEN ERKENNBARKEIT VON KIRCHEN Anhand der archäologischen Reste sind Kirchenbauten im Rheinland erst seit dem 6. Jahrhundert klar erkennbar. Schon seit der Spätantike muss es christliche Bauten gegeben haben, die jedoch eher einfach ausgeführt waren.

Meist wurden wohl nur Räume in römischen Wohnhäusern kirchlich eingerichtet. So bleiben die frühesten christlichen Kulträume wegen fehlender sicherer Erkennungsmöglichkeiten, wie erhaltener Einbauten zur liturgischen Nutzung archäologisch bisher nicht nachweisbar. Die einzige Ausnahme im Rhein-Moselraum stellen die Vorgängerbauten des Trierer Domes dar, deren Schrankenanlagen mit den christlichen Graffiti schon in den 330er-Jahren einen christlichen Kultbau aufzeigen. Einmal mehr zeigt sich damit die Sonderstellung Triers als christliches Zentrum. Im Lauf des 4. Jahrhunderts wurden vor allem Grab- und Memorialbauten auf den Friedhöfen eingerichtet, wie die bei Grabungen in und um die Kirchen St. Ursula in Köln, St. Maximin in Trier und St. Alban in Mainz festgestellte Architektur, die zunächst von der verbliebenen provinzialromanischen Bevölkerung und dann auch von den Franken genutzt wurde. Fraglich ist, ob und wann solche Bauten Altäre erhielten und über die Totenverehrung hinaus eucharistische Funktionen erlangten. Meist lässt sich diese Entwicklung nach Aussage der archäologischen Quellen erst für das 6. Jahrhundert feststellen. In diesem und dem folgenden Jahrhundert kam es zur seitens der Kirche sanktionierten und sicher auch absichtsvoll geförderten Verknüpfung von Verehrungsorten und teilweise auch bestehender Architektur mit Heiligenlegenden. Im Rheinland zählt dazu vor allem die Legende von der Thebaischen Legion mit ihren Vertretern Gereon in Köln, Victor in Xanten sowie Cassius und Florentius in Bonn. Die in Trier schon seit dem 4. Jahrhundert geläufige Verehrung von Ortsbischöfen findet in der fortgeschrittenen Merowingerzeit stärkere Verbreitung, wie im Fall des Bischofs Severin in Köln. Vielleicht haben die Franken einen Teil der spätantiken Gebäude auf den Gräberfeldern zuerst nur für eine besondere Form der sozial herausgehobenen Bestattung benutzt, wie das Beispiel des Apsidensaals von St. Severin auf dem Kölner Südgräberfeld nahelegt. Gelegentlich, wie etwa unter dem Bonner Münster nachgewiesen, haben sie solche Bauten auch neu errichtet. Vergleichsweise häufig wurden diese Grabgebäude gerade in Stadtnähe durch An- und Umbauten schon im 7. Jahrhundert zu Kirchen umgestaltet.
Exemplarisch für das 8. Jahrhundert und den Beginn der weiteren bis ins Hochmittelalter wirksamen Entwicklung von Kirchenbauten und Heiligenverehrung ist die Baugeschichte von St. Willibrord in Echternach. Hier erfolgte die Erhebung des verehrten Bischofs aus dem Boden- zum sichtbaren Hochgrab und die Ausstattung der Kirche mit einem Podium für die Lesung etwa des Evangeliums (Ambo) und einer aufwendigen Chorschrankenanlage um das Jahr 739.

KLERIKER UND MÖNCHE Bedeutende Elemente des frühmittelalterlichen Mönch- und Priestertums waren das Pilgerwesen und die Mobilität von einzelnen Zugehörigen christlicher Gemeinschaften. Dies belegen ne-

ben den Schriftquellen anschaulich archäologische Einzelfunde wie die sogenannten Reliquiarschnallen, die, wohl mehrheitlich in Burgund gefertigt, im ganzen Merowingerreich gefunden wurden.
Das frühmittelalterliche Mönchtum war nicht weltfern und beteiligte sich an Literatur, Politik und Wissenschaft. Die führenden fränkischen Familien waren im weltlichen und im geistlichen Bereich vertreten. Koordiniert wurden die Bestrebungen zur Konzentration grundherrlicher Befugnisse in der Hand von Klöstern und Bistümern von den merowingischen und karolingischen Königshöfen. So entstand unter den höchsten Würdenträgern der fränkischen Elite ein bis weit in das Hochmittelalter wirksames Geflecht wechselseitiger Beeinflussung.
Sebastian Ristow

Literatur: A. Wieczorek u. a. (Hg.), Die Franken – Wegbereiter Europas. Vor 1500 Jahren: König Chlodwig und seine Erben, Ausstellungskatalog Mannheim, Mainz [2]1997; 799. Kunst und Kultur der Karolingerzeit. Karl der Große und Papst Leo III. in Paderborn, hg. v. Ch. Stiegmann/M. Wemhoff, Ausstellungskatalog Paderborn, Mainz 1999; S. Ristow, Frühes Christentum im Rheinland. Die Zeugnisse der archäologischen und historischen Quellen an Rhein, Maas und Mosel, Jahrbuch 2006 des Rheinischen Vereins für Denkmalpflege und Landschaftsschutz e.V., Köln 2006

Sogenannte Reliquiarschnalle aus Kobern-Gondorf mit ineinander verwobenen Darstellungen biblischer Errettungsszenen: Daniel in der Löwengrube und Ausspeiung des Jona aus dem Ketos. Der Beschlag der Gürtelschnalle ist innen mit einem Hohlraum versehen, der über eine Klappe verschließbar war. Hier konnten unheilabwehrende Gegenstände am Körper getragen werden, wie zum Beispiel Zettel mit magischen Texten oder kleinere Gegenstände.

DER GRABSTEIN DER RIGNEDRUDIS AUS BRÜHL-VOCHEM

Der Grabstein der Rignedrudis ist einer der qualitätvollsten Grabsteine im Gebiet von Rhein und Mosel. Mit dem germanischen Namen Rignedrudis, aber der ganz in antiker Tradition stehenden Ornamentik und Textgestaltung ist dieses Grabmal ein herausragendes Zeugnis für die kulturelle Beeinflussung von Romanen und Germanen.

Bei dem Grabstein handelt es sich um einen wiederverwendeten Stein, eine Gesimsplatte aus hochwertigem Kalkstein. Das obere Drittel nimmt ein stark stilisiertes Ornament ein. Gerahmt von zwei Palmzweigen steht im Zentrum ein Christusmonogramm, an dessen Armen an kleinen Kettchen α und ω aufgehängt sind. Im unteren Drittel des Steins picken zwei antithetisch angeordnete Tauben, den langen Hals hoch aufgereckt, Früchte von einem Baum.

Die Inschrift teilt dem Betrachter mit, dass »in diesem Grab ein Mädchen namens Rignedrudis in Frieden und gutem Gedenken ruht, lieb den Eltern und allzu sehr in Liebe entbehrt. Sie lebte auf dieser Welt 16 Jahre und ging von dieser Welt am 15. Tag vor den Kalenden des Mai.« Das Latein weist Eigentümlichkeiten auf, die typisch für das 5. und 6. Jahrhundert sind. Grabtexte dieser Art beweisen, dass auch in fränkischer Zeit noch Latein gesprochen wurde.

Anders als frühere Grabinschriften sind die spätantik-frühmittelalterlichen Inschriften ganz auf das christliche Jenseits ausgerichtet. Den Verstorbenen gab man den Wunsch mit auf den Weg, in ewigem Frieden zu ruhen. Signifikant ist darüber hinaus, dass insbesondere früh verstorbener Kinder gedacht wurde. Mit liebevollen Trauerformeln nahm man von ihnen als unschuldig Verstorbenen Abschied.

Die Größe des Steins und die überaus hohe Qualität in Bild und Text beweisen, dass Rignedrudis einer reichen, hochstehenden fränkischen Familie angehörte. Beigaben waren der Toten allerdings nicht ins Grab gelegt worden.

Der Grabstein der Rignedrudis ist ein wichtiges historisches Dokument. Er zeigt, dass hochgestellte Franken die antike Tradition, Angehörigen einen Grabstein mit lateinischem Text aufzustellen, übernommen haben und sich zum Christentum bekannten, einer Religion, die über die Römer an die Franken vermittelt worden war. Die Zeit der Völkerwanderung war also nicht nur eine Zeit des Umbruchs und des Niedergangs der antiken Kultur, sondern auch eine Zeit der Kontinuität und der Neubelebung antiker Vorstellungen.

Winfried Schmitz

Transkription: In hunc tomolo requi/escit in pace bone memo/rie nome Rignedrudis, / cara parentebus et ni/mium relicta amore, / qui vixit in hunc / saecolo annos XIIIIII / et migravit de huc mun/do XV K(a)l(enda)s Madias (6. Jahrhundert)

Literatur: W. Schmitz in: Spätantike und frühes Mittelalter. Ausgewählte Denkmäler im Rheinischen LandesMuseum Bonn, hg. v. J. Engemann/Ch. B. Rüger, Köln 1991, S. 118–120

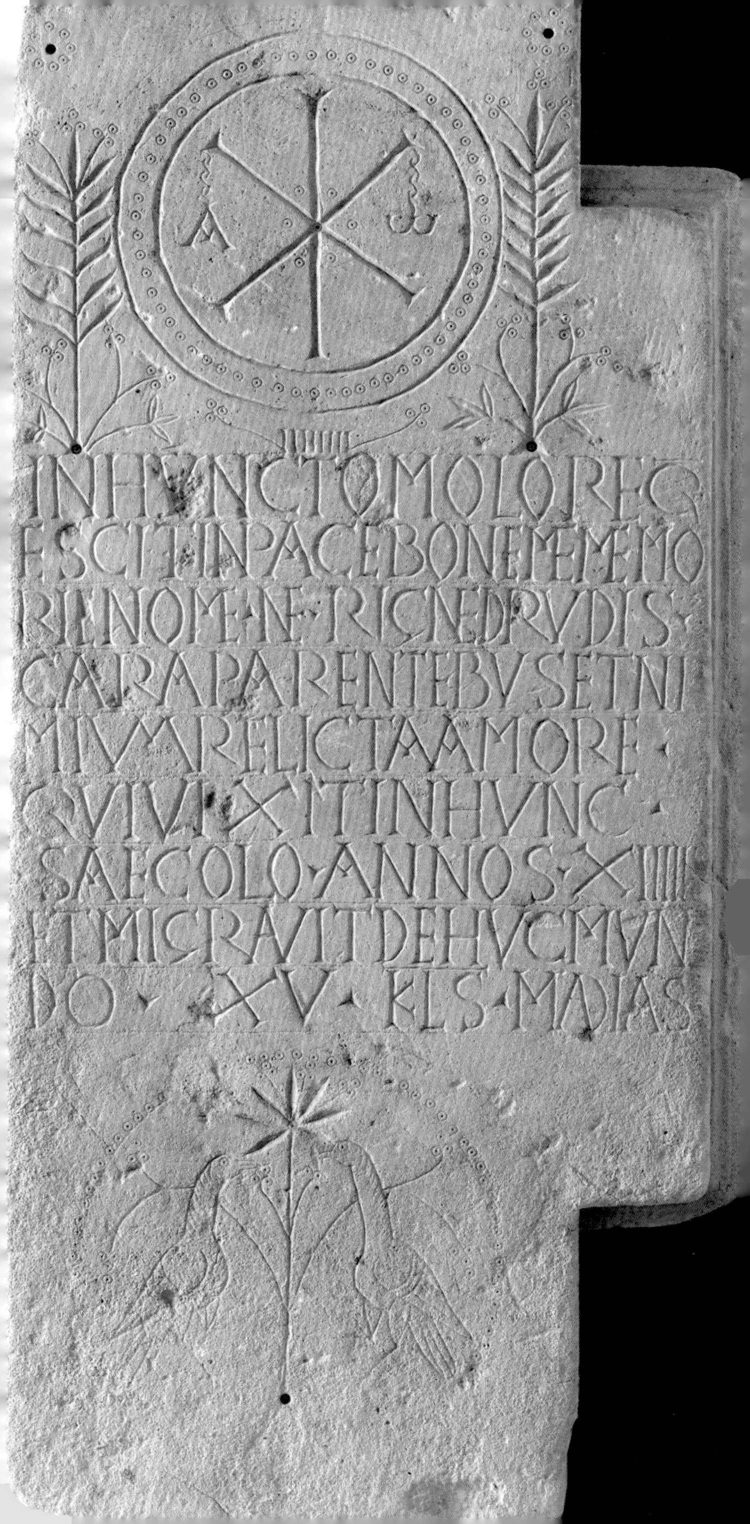
IN HVNC TOMOLO REQ
ESCIT IN PACE BONE MEMEMO
RIE NOMENE FRIGNEDRVDIS
CARA PARENTEBVS ET NI
MIVM RELICTA AMORE
QVI VIXIT IN HVNC
SAECOLO ANNOS XIIIII
ET MIGRAVIT DE HVC MVN
DO XV KLS MAIAS

ZWEI RELIQUIARSCHNALLEN VON ST. ULRICH UND AFRA
IN AUGSBURG

Der Einbau einer Krypta in der Vierung der Augsburger Kirche St. Ulrich und Afra erbrachte 1961/1962 neben spätrömischen Gräbern zwölf frühmittelalterliche Bestattungen des 7. Jahrhunderts, von denen sich drei als »Klerikergräber« (Bischöfe?) bezeichnen lassen. Angelegt als Steinplattengräber zeigte sich aufgrund der äußerst guten Erhaltung organischer Überreste wie Holz und Leder, dass sie in einem mutmaßlichen, bisher nicht freigelegten Kirchenbau der Merowingerzeit gelegen haben müssen. In Grab 1 fand sich unter anderem ein hölzerner Krummstab.
Besonders gut waren in Grab 8 die Textil- und Lederreste von der Bekleidung des etwa 50 bis 60 Jahre alten Mannes erhalten, während ein Holzstab nur dokumentiert werden konnte. Der im späten 6. Jahrhundert wohl in Burgund hergestellte breite Ledergürtel besaß neben drei durchbrochenen Beschlägen eine verschließbare Schnalle aus Messing (L. 14,6 cm). Der kastenförmige Beschlag war mit einem Schieber auf der oberen Schmalseite versehen. Gesichert durch dessen Befestigung am Schnallenscharnier war der ehemalige Inhalt im Hohlkasten des Beschlags gut geborgen: drei Klümpchen Bienenwachs, eine Baumwollblütenkapsel und einige Leinen- und Wollfasern. Die gegossene Oberseite der Schnalle zeigt ein Andreaskreuz und darunter eine zweiköpfige Schlange, links und rechts flankiert von einem geflügelten Greifen. Der um 620/640 bestattete, vielleicht burgundische Kleriker war möglicherweise als Pilger nach Palästina gereist.
Aus Grab 9 stammt eine weitere Reliquiarschnalle, die vermutlich kurz vor 600 aus einer Walfischrippe hergestellt worden ist (L. 8,7 cm). Die dreiteilige Schnalle zeigt im mit Perlleisten gerahmten Bild des Beschlags das Jonaswunder: Der nackte Jüngling wird vom krokodilähnlichen Meeresungeheuer ausgespieen und kniet bereits auf dem Land; davor das Stadttor von Ninive. Das Stück gehört in eine Gruppe frühchristlicher Knochenschnallen, die mit Schwerpunkt im nördlichen Burgund gefertigt wurden.
Im Umfeld von St. Ulrich und Afra ist inzwischen ein ausgedehntes frühchristliches Gräberfeld nachgewiesen, von konstantinischer Zeit ohne »Kontinuitätsbruch« bis in das 8. Jahrhundert belegt. Von Bedeutung ist, dass *Venantius Fortunatus* um 565 n. Chr. die Verehrung der Märtyrerin Afra bezeugt und sicherlich eine christliche Gemeinschaft an ihrem Grab bestand.
Lothar Bakker

Aufbewahrungsort: Römisches Museum Augsburg

Literatur: L. Bakker, in: M. Weitlauff/M. Thierbach (Hg.), Hl. Afra – Eine frühchristliche Märtyrerin in Geschichte, Kunst und Kult, Ausstellungskatalog, Augsburg 2004, S. 178–185, Abb. 60 u. 64; G. Ziegelmayer, Materialanalyse der Jonas-Schnalle aus St. Ulrich und Afra in Augsburg, in: Kölner Jahrb. Vor- u. Frühgesch. 23, 1990, S. 301–307

BECHER (?) MIT PRESSBLECHAUFLAGEN VON WORMS-WIESOPPENHEIM

Unter dem Namen »Paulusmuseum« wurde 1881 in der Kirche des ehemaligen Paulusstiftes das erste Wormser Museum eröffnet. Es vereinte private Sammlungen ebenso wie die Funde aus den eigens unternommenen Ausgrabungen des Altertumsvereins, die zumeist von dem Wormser Arzt Dr. Carl Koehl überwacht und im Stil der Zeit beschrieben wurden. Koehl hatte schon vorher Ausgrabungen in fränkischen Gräberfeldern unternommen. So deckte er auch den frühmittelalterlichen Friedhof von Worms-Wiesoppenheim auf. Von unserem Becher ist nur bekannt, dass er aus einem mit Waffen und einem gläsernen Rüsselbecher ausgestatteten Männergrab stammt, welches wegen des Glasbechers in die erste Phase der fränkischen Besiedlung Rheinhessens um 500 n. Chr. datiert wird.

Das einzigartige Objekt besteht heute aus den Bronzeblechen mit Resten der Vergoldung und einem silbrig erscheinenden Innenblech. Ansätze von einem Boden oder Holzreste sind nicht erkennbar.

Die Bronzebleche sind über Model getrieben und verzierten ursprünglich ein rechteckiges Kästchen. Zu einem unbekannten Zeitpunkt schnitt man sie ohne Rücksicht auf einzelne Szenen zu; die ältere Forschung interpretierte die Bleche in der Zweitverwendung als Beschläge eines konischen Holzbechers. Den Rand fasst eine u-förmige Schiene ein, die auch die senkrechten aufgenieteten Blechstreifen umschließt. Den unteren Abschluss bildet ein Blechstreifen mit Strichgruppenverzierung. In von Perlstäben gefassten Feldern sind noch folgende Szenen zu erkennen: Adam und Eva zu Seiten des Baumes mit der Schlange, Beischrift AM ET EVVA; Eva aus derselben Szene, abgeschnitten; Christus mit Petrus, zwischen ihnen der Hahn auf einer Säule (rudimentäre Beischrift, vgl. Luk. 22,34); Rest eines Quellwunders oder Christi Taufe im Jordan; zerstörtes Feld; Orant; abgeschnittenes Feld mit Kreuz und α und ω in einem Kranz, darüber, auf dem Kopf stehend, Inschrift IVSTAVG.

Die Szenen sind bis auf diejenigen mit Adam und Eva und Christus und Petrus noch nicht eindeutig geklärt. Ebensowenig ist die ursprüngliche Funktion sicher zu benennen: handelte es sich um einen Becher, eine Dose (Pyxis), einen Kelch oder gar den Randbeschlag eines Trinkhorns?

Mathilde Grünewald

Aufbewahrungsort: Museum der Stadt Worms im Andreasstift, Inv. Nr. F 1, H. 8,2; Dm. 12 cm

Literatur: Mathilde Grünewald, Die Römer in Worms, Stuttgart 1986, S. 90; Die Franken. Wegbereiter Europas, Ausstellungskatalog Mannheim, Mainz 1996, Nr. VI. 14; Ausstellungskatalog Imperium Romanum. Römer Christen Alamannen – Die Spätantike am Oberrhein, Ausstellungskatalog Karlsruhe 2005, S. 278

DAS KREUZ IM ESTRICH

Im merowingerzeitlichen Vorgängerbau des Bonner Münsters, einem einfachen Saalbau (Bau D), wurden unter der heutigen Krypta mehrere sich überlagernde Estrichreste gefunden, darunter als ältester der Rest eines nach römischem Vorbild durch Ziegelbruch rötlich durchfärbten Kalkestrichs. Das Besondere an diesem Fußbodenrest ist ein Kreuz, das aus verschiedenfarbigen Marmorplättchen in den Estrich eingelegt wurde. Die blaugrauen, weißen, weiß-roten und grau-violetten Plättchen bilden ein einfaches lateinisches Kreuz von 80 cm Länge und 30 cm Breite. Das Kreuz ist als Kennzeichnung des an dieser Stelle unter dem Estrich liegenden Grabes 32 zu deuten und ältester Beleg für den christlichen Glauben der hier Bestatteten. Grab 32 gehört zu den sogenannten Plattengräbern, einer typisch merowingerzeitlichen Grabform, die in Bonn und an anderen Orten häufig mit der Verwendung antiker Spolien verbunden war. Das durch das Fundament eines Kryptapfeilers des 11. Jahrhunderts gestörte Grab barg einige Funde, die eine Datierung des Grabes und damit auch des überdeckenden Estrichs mit Kreuz ermöglichen. Dazu gehören Goldlahnreste, die die hohe soziale Stellung der hier beigesetzten Person andeuten. Die ebenfalls gefundenen 21 Perlen sprechen für ein Frauengrab, vergleichbare Perlen aus besser datierten Fundzusammenhängen entstammen der Mitte oder zweiten Hälfte des 6. Jahrhunderts. Eine römische Münze lässt hingegen keine Rückschlüsse auf die Datierung des Grabes zu, denn als Altstücke sind solche Münzen nach dem heutigen Forschungsstand recht häufig in merowingerzeitlichen Gräbern zu finden. Grab 32 gehört zu den ersten merowingerzeitlichen Gräbern in Bau D, da es unter dem ältesten Estrich aufgefunden wurde. Das Kreuz als Markierung des Grabes lässt einen engen zeitlichen Zusammenhang zwischen Grab und Estrich vermuten.
Ulrike Müssemeier

Aufbewahrungsort: Rheinisches LandesMuseum Bonn

Literatur: Ch. Keller/U. Müssemeier, Die merowinger- und karolingerzeitlichen Bauten unter der Münsterkirche in Bonn, in: Archäologisches Zellwerk. Beitr. zur Kulturgesch. in Europa u. Asien. Festschr. H. Roth., hg. v. E. Pohl/U. Recker/C. Theune, Internat. Arch. Stud. honoraria 16, Rahden 2001, S. 287–318

Dieses Denkmal gilt als frühes Zeugnis des Christentums bei den Franken, doch ist solche Deutung nicht unumstritten. Es wurde 1901 in Königswinter-Niederdollendorf (Rhein-Sieg-Kreis) bei Aufdeckung eines fränkischen Gräberfeldes gefunden. Die aus Kalkstein gehauene Stele ist rundum figürlich verziert. Die Schmalseiten zeigen geometrische Muster und bandförmig verschlungene Tiere. Auf der einen Breitseite sieht man einen Mann, offenbar den Verstorbenen, der sein schnauzbärtiges Gesicht dem Betrachter zukehrt. In der erhobenen Rechten hält er einen Kamm. Schräg vor seinem Leib trägt er ein breites Schwert. Details der Schwertscheide lassen eine Datierung in die zweite Hälfte des 7. Jahrhunderts zu. Zu Füßen des Mannes erkennt man eine rundliche Feldflasche.

Die Waffe betont zweifellos den Status als Krieger. Der Kamm steht hier – in raffinierter Reduktion auf die wesentliche Aussage – für das Kämmen und damit die magische Bedeutung des Haupthaares als Symbol für Kraft und Macht, auch sexuelle Potenz. Hingegen stellen die bandförmigen Tiere mit aufgerissenen Kiefern, die nach dem Mann zu schnappen scheinen, Todesdämonen dar. Dieser Gegensatz zwischen Todesdrohung und prallem Leben findet sich auch sonst in der germanischen Bilderwelt. Er symbolisiert Errettung aus Gefahr, in christlichem Zusammenhang auch Auferstehung. In einen solchen Zusammenhang passt auch die Flasche, die auf den Inhalt – lebensspendendes Wasser, vielleicht sogar Weihwasser – hinweist.

Dass eine solche Deutung in christlichem Sinne bei aller Fremdheit des ansonsten germanischen Bildprogramms nicht abwegig ist, zeigt die Gegenseite der Stele. Man sieht hier eine menschliche Gestalt mit Strahlenkranz beziehungsweise Nimbus (Heiligenschein), die in der rechten Hand eine Lanze hält. Dass es sich um eine Christusdarstellung handelt, lässt sich an Parallelmaterial zeigen. Germanischer Vorstellung entsprach offenbar ein bewaffneter, machtvoller Christus. Die Lanze als Hoheitszeichen germanischer Könige passt dazu. Das bandförmige Geflecht zu Füßen der Gestalt – wohl Rudimente verschlungener Tierleiber in germanischem Tierstil – darf man auch hier als Sinnbild bedrohlicher Mächte der Unterwelt auffassen, über die Christus triumphierend sich erhebt.

Jochen Giesler

Literatur: Reallexikon der Germanischen Altertumskunde[2] 21, 2002, S. 153–162; J. und U. Giesler. Ber. Rhein. LandesMuseum Bonn. 2006 H 4 (im Druck)

Ende des 19. Jahrhunderts konnten im Schlosspark der Niedernburg von Gondorf an der unteren Mosel große Teile einer Reliefplatte aus Muschelkalk (H. 83,5, B. 65,5, D. 9–11 cm) geborgen werden. Das Bildfeld der Vorderseite ist durch Perlstab und unten ein Zickzackband und einen zentralen Kreisrahmen gegliedert. Im Zentrum das Brustbild eines bärtigen Mannes mit Tunika, Pallium (lat. Mantel, ursprünglich von griech. Schauspielern getragen) und der rechten Hand auf einem Codex vor der Brust. Neben seinem Kopf sind zwei Vögel dargestellt. Über dem *clipeus* (runde Rahmung) befinden sich zu Seiten eines Kreuzes mit sich verbreiternden Armen in Art eines merowingischen Stabkreuzes zwei Greifenprotome (Verzierung mit Tierköpfen). Der untere Teil der Platte ist nach der erhaltenen linken Ecke mit ebensolchem Protom spiegelbildlich zu ergänzen.
Das zentrale Bildfeld zeigt ikonographischen Parallelen zufolge einen Heiligen oder einen Apostel. Zusammen mit Teilen von zwei ähnlichen Reliefs vom gleichen Fundort dürfte die Platte mit dem Brustbild zu der hochwertigen Schrankenausstattung eines Grab-, Memorial- oder Kirchenbaus gehört haben. Fundamentreste aus dem Bereich der Niedernburg, vielleicht von einem spätmerowingischen Kirchenbau, blieben ohne archäologische Untersuchung und sind nicht näher zu beurteilen. Die Anwesenheit von Christen in den spätantik-frühmittelalterlichen Siedlungen um *Contrua* (Gondorf) und *Cubrunum* (Kobern) wird jedenfalls durch entsprechende Grabinschriften seit dem 4./5. Jahrhundert belegt.
Die flächenhafte Ausführung der Darstellungen auf der Gondorfer Platte lässt Vergleiche mit anderen spätmerowingisch-frühkarolingischen Kunstwerken, wie etwa Teilen der Metzer Chorschranken zu. Auch aus der Kleinkunst lassen sich Parallelen aufführen, etwa die Darstellungen auf dem Elfenbeindiptychon aus Genoels-Elderen oder dem Kästchen aus Essen-Werden. So dürfte die Datierung der Gondorfer Schrankenplatte nach den Vergleichen am ehesten ins 8. als noch in das 7. Jahrhundert zu verlegen sein. Teile von steinernen Schrankenanlagen des 4./5. Jahrhunderts sind auch aus dem nahen Rheinstädtchen Remagen geborgen worden. Diese Funde und der Grabungsbefund von Schrankenfundamenten in der Kirche des 6. Jahrhunderts von Boppard, St. Severus zeigen, dass es auch außerhalb der Zentren Köln, Trier und Mainz an kleineren Orten hochqualitative christliche Bauausstattung gegeben hat.
Sebastian Ristow

Aufbewahrungsort: Rheinisches LandesMuseum Bonn (Inv.-Nr. 35.12)

Literatur: M. Schulze-Dörrlamm, Die spätrömisch-frühmittelalterlichen Gräberfelder von Gondorf, Gem. Koblenz-Gondorf, Kr. Mayen-Koblenz = Germ. Denkmäler Völkerwanderungszeit, Ser. B, 14, 2, Berlin 1990, S. 242; Nr. 2652; F. v. Bargen, Platte mit Bildnis eines Mannes, in: Spätantike und frühes Mittelalter. Ausgewählte Denkmäler im Rheinischen LandesMuseum Bonn, hg. v. J. Engemann/Ch. B. Rüger, Köln 1991, S. 57–60

DIE KAROLINGISCHE CHORSCHRANKENPLATTE AUS ST. PETER IN METZ

Die Fundgeschichte des Stückes reicht bis in das Jahr 1898 zurück. Die Platte gehört zu einer Reihe von Schrankenplatten, die in der ehemaligen Abteikirche St. Peter in den Pfeilerfundamenten und unterhalb des romanischen Fußbodens gefunden wurden. Die Kirche selbst geht auf einen spätantiken Saalbau des späten 4. Jahrhunderts zurück, der sicher profan und nicht als christliche Kirche genutzt wurde.

Die Mehrzahl der aus Kalkstein gefertigten Schrankenplatten gehört in die merowingische Phase der Kirche. Die Vita Waldradae nennt die Gründung der Abteikirche im Zusammenhang mit der Regierungszeit der austrasischen Könige Theuderich II. und Theudebert II. (596 bis 612/613). In dieser Zeit erhöhte man den Fußboden, errichtete ein Altarfundament und grenzte den Bereich vor dem Altar durch eine Schrankenanlage vom Kirchensaal ab. Das vorliegende Fragment gehört zum karolingischen Ausbau der Kirche. Sie wurde damals zu einer dreischiffigen Basilika erweitert; gleichzeitig trennte man den Altarraum zur Aufnahme eines Sängerchores, einer sogenannten schola cantorum, rechtwinklig ab.

Die Platte zeigt in einem durch gestaffelte Rahmung eingefassten Bildfeld einen stehenden Mann mit Heiligenschein, unter einer mit spitzem Giebel ausgestatteten offenen Grabkammer (aedicula). Der Mann trägt eine Tunika nach antikem Vorbild. Während die rechte Hand in perspektivisch unbeholfener Art im Sinne eines Segensgestus nach vorn zeigt und einen unbekannten Gegenstand hält, präsentiert die verdeckte linke Hand einen kreisförmigen Gegenstand, vermutlich eine Schriftrolle. Durch ein zwischen Nimbus und Giebel eingeschriebenes griechisches Kreuz lässt sich die Figur als Christus deuten. Die Bildkomposition gleicht spätantiken Darstellungen des segnenden Christus, wie sie von römischen Säulensarkophagen bekannt sind. Auch die Vergleiche aus der Buchmalerei, Thoreutik, also der in Metall ausgeführten Treibarbeit und der Elfenbeinkunst weisen auf eine Christusdarstellung hin. Ein wichtiges Vergleichsstück ist neben dem Tassilokelch aus Kremsmünster ein elfenbeinerner Buchdeckel aus Genoels-Elderen bei Brüssel. Beide belegen eine Datierung in die zweite Hälfte des 8. Jahrhunderts.

Thomas Otten

Aufbewahrungsort: Metz, La Cour d'Or, Musée d'Art et d'Histoire

Literatur: M. Will, Die ehemalige Abteikirche St. Peter zu Metz und ihre frühmittelalterlichen Schrankenelemente, Bonner Beitr. Vor- und frühgesch. Arch. 3, 2005, S. 136ff., Taf. 14

STIFTE UND KLÖSTER DES 6. BIS 10. JAHRHUNDERTS

Seit spätantiker Zeit entstanden im Rheinland erste Einsiedeleien und klösterliche Anlagen in der Umgebung der Städte, wie zum Beispiel in Trier. Der Großteil mönchischer Gemeinschaften und besonders die Frauenklöster entwickelten sich erst im Verlauf des 7. Jahrhunderts und späterer Zeit. Diese Anlagen konnten im Gegensatz zu anderen Regionen und auch unterschieden vom Standort mittelalterlicher Klostergründungen in verkehrsgünstiger Lage angesiedelt sein. So waren Gemeinschaften wie Stavelot/Stablo oder Pfalzel bei Trier an weitergenutzten römischen Straßen lokalisiert.

Die meisten Klöster sind archäologisch in ihrem Bestand nur schwer zu fassen und lediglich historisch überliefert. Oft sind überdies nur die Kirchen, nicht aber die Wohn- und Wirtschaftsbauten bekannt. Hintergrund für diese Überlieferungssituation ist die Ausführung der Kirchen in Stein- und der Nutzbauten in Holz- beziehungsweise Fachwerkbauweise.

Klöstern kam eine bedeutende Rolle bei der frühmittelalterlichen Landeserschließung zu. Die Abtei Prüm besaß ausweislich ihres Urbars aus dem Jahre 893 mehr als 100 Hauptgüter und dazu noch mehr als 1500 Bauernhöfe. Zeitweise lebten bis zu 300 Mönche im Kloster, die von diesen Besitzungen Pacht und Abgaben erhoben und die Verwaltung und den Schutz des ihnen unterstehenden Gebietes übernahmen.

Im Mittelalter bildete sich die Unterscheidung in Klöster und Stifte aus. In Klöstern lebten die Nonnen oder Mönche nach festen Regeln und von der Welt abgeschieden, sie blieben ehe- und besitzlos. Die im Stift lebenden Kanoniker oder Kanonissen beziehungsweise Stiftsdamen oder -herren blieben persönlich besitzfähig und ortsungebunden.

Sebastian Ristow

Karte der Klöster und Stifte im Rheinland bis um die Zeitenwende zum 2. Jahrtausend

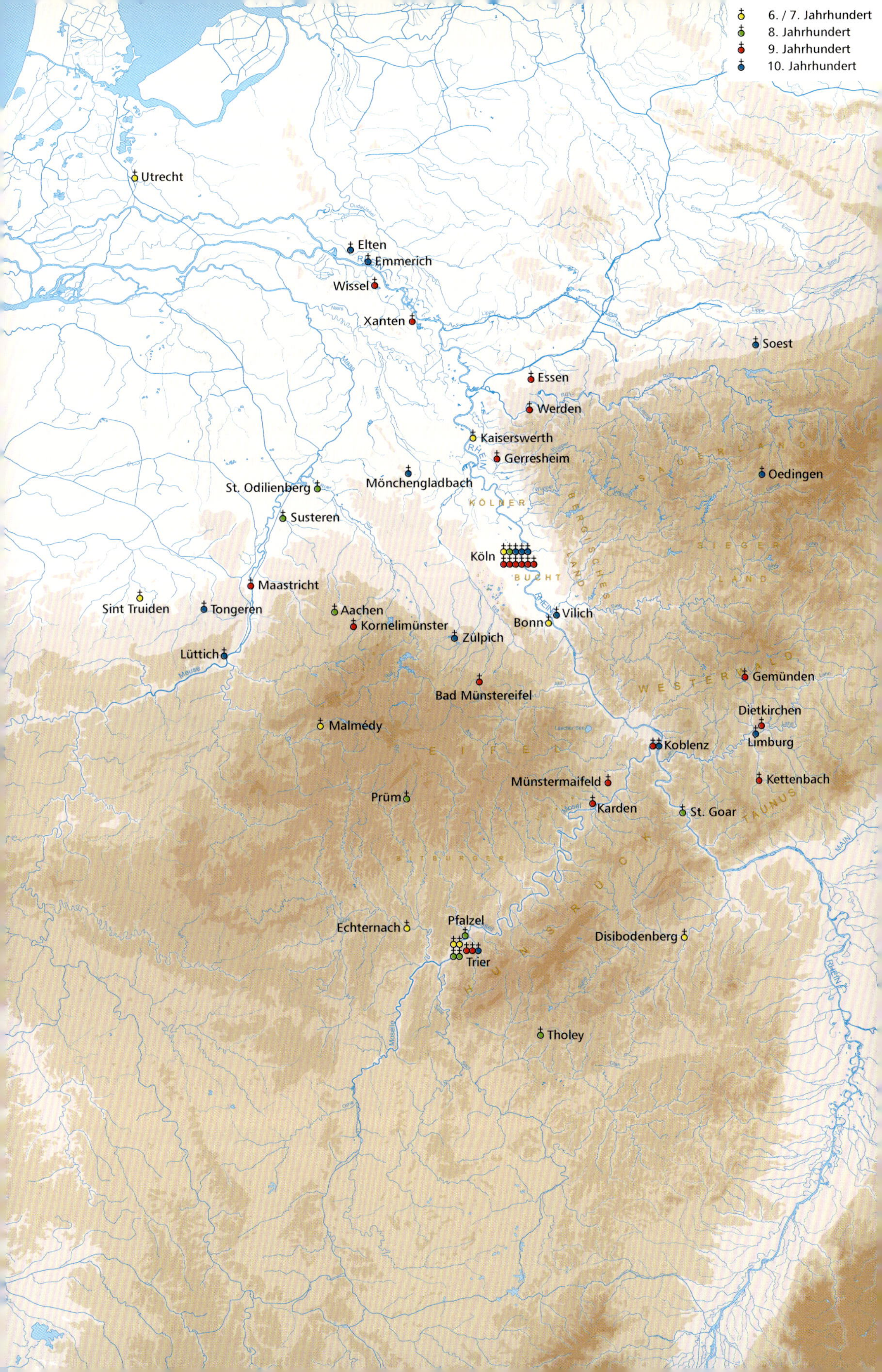

6. / 7. Jahrhundert
8. Jahrhundert
9. Jahrhundert
10. Jahrhundert
Utrecht
Elten
Emmerich
Wissel
Xanten
Soest
Essen
Werden
Kaiserswerth
Gerresheim
Oedingen
Mönchengladbach
St. Odilienberg
Susteren
KÖLNER
BUCHT
BERGISCHES LAND
SAUERLAND
SIEGER LAND
Köln
Maastricht
Sint Truiden
Tongeren
Aachen
Kornelimünster
Zülpich
Vilich
Bonn
Lüttich
Bad Münstereifel
WESTERWALD
Gemünden
Dietkirchen
Limburg
Malmédy
EIFEL
Koblenz
Münstermaifeld
Kettenbach
Karden
St. Goar
TAUNUS
Prüm
HUNSRÜCK
Echternach
Pfalzel
Trier
Disibodenberg
Tholey
RHEIN
Mosel
Maas
Main

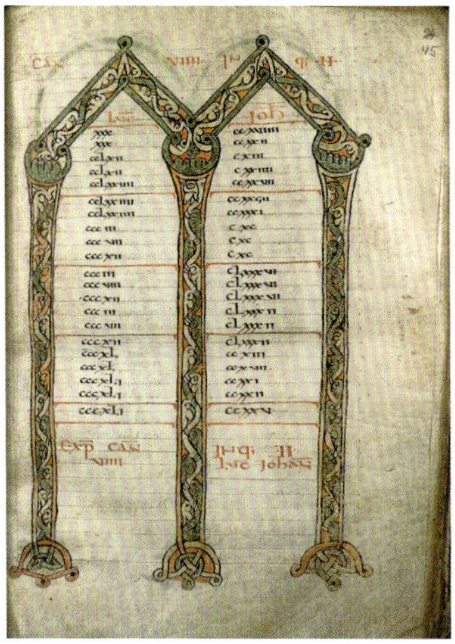

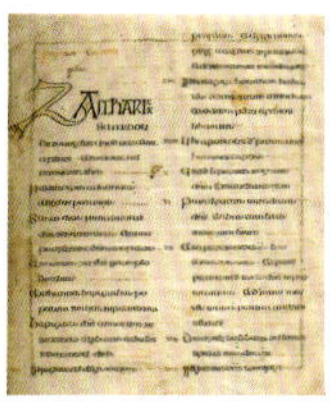

Die beiden Blätter mit der Vorrede und dem Teil des Kapitelverzeichnisses zu Lukas gehörten ursprünglich zu einem gut ausgestatteten Evangeliar, das der Abtei Echternach zugeschrieben wird. Die in angelsächsischer Unziale abgefassten Seiten datieren in das frühe 8. Jahrhundert.

Lag das Rheinland während der Merowingerzeit politisch und kirchlich eher am Rand des fränkischen Reiches, so rückte es mit dem Aufstieg des pippinisch-arnulfingischen Geschlechts, aus dem später die Karolinger hervorgingen, zunehmend ins Zentrum. Nach der Übernahme des Königstitels von den Merowingern und der Einigung des Reiches erlangte Karl der Große schließlich den Kaisertitel im Jahre 800, verbunden mit der Regentschaft über ein Großreich, das fast das gesamte Gebiet der lateinischen Christenheit umfasste.

Der Aufstieg der Karolinger veränderte nicht nur die politischen Gegebenheiten, sondern griff auch tief in theologische und kirchliche Belange im Frankenreich ein. Die ersten Veränderungen kamen allerdings von außen, als mit Willibrord 690 der erste angelsächsische Missionar den Kontinent erreichte. Seine Entscheidung, das Missionsvorhaben unter die Oberhoheit des Franken Pippin des Mittleren und nicht des friesischen Königs zu stellen, führte dazu, dass er und seine Nachfolger nicht nur den christlichen Glauben in bisher heidnische Gebiete trugen, sondern dass sie auch zu Kirchenreformern im fränkischen Reich wurden.

Die angelsächsischen Missionare vermittelten neben dem christlichen Glauben auch eine enge Romverbundenheit, die in der angelsächsischen Kirche seit dem Missionsbeginn durch Papst Gregor den Großen verwurzelt war. Im Zusammenspiel mit den politischen Konstellationen jener Zeit entstand so ein kirchliches Einheitsbewusstsein, das sich deutlich von den kirchlichen Strukturen in den gentilen Reichen des frühen Mittelalters unterschied. Gefördert wurde dies auch durch die Übernahme der römischen Liturgie, die durch Bonifatius nach seiner Beauftragung durch Papst Gregor II. im Jahr 719 verbreitet wurde.

Verstärkt wurden die Beziehungen zu Rom, als Pippin der Jüngere für die Absetzung des letzten Merowingerkönigs und Übernahme des fränkischen Königstitels 751 die Zustimmung von Papst Zacharias einholte. Durch die von dessen Stellvertreter vorgenommene Königssalbung emp-

fing der neue Herrscher eine sakrale Königswürde, die die nicht vorhandene Geblütslegitimation ersetzte.
Unter Pippins Herrschaft wurde die bereits angestoßene Kirchenreform vor allem durch Bischof Chrodegang von Metz weitergeführt. In mehreren Synoden wurden zwischen 755 und 762 die Leitungsfunktion des Bischofs innerhalb seiner Diözese gestärkt, die römische Liturgie gefördert sowie Kirchen und Klöster unter die Aufsicht der Bischöfe oder des Königs gestellt. Klösterliches Leben wurde nun allgemein der Benediktsregel unterworfen, für Klerikergemeinschaften wurde in der Folgezeit die von Bischof Chrodegang für den Metzer Klerus entworfene Kanonikerregel Vorbild.
Die begonnenen Reformen wurden unter Pippins Sohn Karl fortgeführt und intensiviert; sie umfassten nicht nur Liturgie, Theologie und Kirchenorganisation, sondern berührten auch Bildung, Schrift und Kunst. Sie gründeten alle auf Karls Herrschaftskonzept, nach dem die rechte Herrschaft und der als Vorbild tugendhaft lebende und handelnde Herrscher das Volk zu gleichem Verhalten anleiten. Dieser gottgefällige Lebenswandel bringt als Lohn Frieden und Wohlergehen für das gesamte Land. Die Hinführung zum rechten Glauben sollte durch die Fortführung der innerkirchlichen Reformen und durch Mission heidnischer Nachbarn erreicht werden.
Dieses Konzept bot ein hervorragendes Erklärungsmodell und die moralische Legitimation für eine militärische Expansion in das Gebiet der Sachsen. Die sächsischen Gebiete östlich des Rheins waren bislang kaum in den politischen (und religiösen) Einflussbereich des Frankenreiches geraten. Nachdem die ersten Missionsbemühungen Lebuins († um 780) bei den Sachsen ohne Erfolg geblieben waren, schien eine freiwillige Entscheidung zum Christentum verbaut, da sie mit politischer Unterwerfung und zwangsweiser Mission verbunden sein musste. Durch das Beharren in der alten Religion dokumentierten die Sachsen ihre Identität und Unabhängigkeit.
Der 772 begonnene Sachsenkrieg zog sich in einer Folge von Siegen Karls und erneuter sächsischer Aufstände bis 803 hin. Für die Konversion der Sachsen scheint trotz der Massentaufen bei Paderborn 776 aber erst die symbolhafte Taufe des Westfalen Widukinds im Jahre 785, dessen Taufpate Karl selber war, einen gewissen Durchsetzungsgrad zu markieren. Von verschiedenen fränkischen Bistümern wurde die Missionsarbeit in den nach 777 festgelegten Tätigkeitsbezirken (Diözesen) aufgenommen. Dem Erzbistum Köln unterstanden die neu geschaffenen Diözesen Münster, Osnabrück, Minden und Bremen, während Mainz den Diözesen Paderborn, Verden, Hildesheim und Halberstadt vorstand. Corvey, Werden und Herford gehörten zu den ersten erfolgreichen Klostergründungen im Sachsenland.

Im Reich wurden die von Karls Vorfahren begonnenen Kirchenreformen fortgesetzt. Die Reformierung von Schrift, lateinischer Sprache und Liturgie diente der Rückführung auf die »reinen Quellen der Christenheit«, die man in den Schriftquellen der christlichen Spätantike erhalten sah. Karl förderte die Zusammenstellung »authentischer« Texte, die er zum Teil in Italien kopieren und wie die korrigierte Fassung des Bibeltextes durch Alkuin zusammenstellen ließ.
War bereits gegen Ende des 7. Jahrhunderts die römische Kirche zunehmend liturgisches Vorbild geworden, was zu einer Beeinflussung der in Gallien praktizierten Liturgie führte, so wurde diese Entwicklung mit der Übersendung eines gregorianischen Sakramentars durch Papst Hadrian I. und dessen Ergänzung durch Benedikt von Aniane abgeschlossen.
Während dieses Prozesses veränderte sich auch das Verständnis der Messe selbst. Nach und nach setzte sich die Vorstellung durch, dass das Messopfer es erlaube, auf eine Gegengabe Gottes zu hoffen und entsprechende Bitten zu stellen. Parallel dazu trat der Priester als Feiernder und Opfernder an die Stelle der Gemeinde; neben die Gemeindegottesdienste traten jetzt auch Messen für einzelne Personen oder Anliegen.
Um die Kenntnis der heiligen Schrift und der liturgischen Texte zu verbessern, war man bemüht, die literarische Bildung des Klerus zu fördern. Karl mahnte Bischöfe und Klöster zu Literaturstudien. Diese wurden zudem durch die Schaffung einer reichseinheitlichen Schrift, der karolingischen Minuskel, der verbesserten Lehre eines gereinigten Lateins und der Schaffung einer Hofbibliothek, in der eine Reihe von Belegexemplaren fundamentaler Kirchentexte aufbewahrt wurden, gefördert.
Dies führte zu einem literarischen Neubeginn in Gallien. In den klösterlichen Schreibstuben (*scriptorien*) wurden theologische und liturgische Texte, Werke christlicher und heidnischer Dichtung oder die Schriften Gregors von Tour vervielfältigt. Ein Bibliothekskatalog des Klosters Reichenau aus dem Jahre 822 gibt einen guten Überblick über die dort kopierten Werke. Die neu geschaffenen christlichen und liturgischen Texte, *codices* genannt, wurden durch Buchmalereien ausgeschmückt. Vorbild war auch hier die römische Antike, deren Malweise zu neuer Blüte gelangte. Gleichzeitig erreichten Einflüsse aus Handschriften britannischer Klöster die Buchkunst. So entstanden am kaiserlichen Hof wie auch in Klöstern des Reiches prachtvolle Bücher, die mit ihren Evangelistenbildern, Initialseiten und Kanontafeln auch heute noch den Betrachter beeindrucken.
Karls Kirchenreform führte die Bemühungen von Bonifatius fort. Die alleinige Zuständigkeit der Bischöfe in ihren Diözesen wie auch die Kontrolle der Sakramentenspendung und Priesterausbildung wurden gestärkt. Nur in durch die Bischöfe errichteten Pfarrkirchen durften Taufen und Messen gefeiert werden, was schließlich die Zahl der Eigenkirchen, also von Privaten für die eigene Nutzung errichteten Kirchen, reduzierte. Klerikern und

Die aus Basaltlava in Durchbruchstechnik gefertigte Grabstele wurde auf dem Friedhof in Moselkern gefunden. Die mit einer Vielzahl von Kreuzen verzierte Stele zeigt zentral eine Figur, die von hinten ein Kreuz umfasst. Vermutlich 8. Jahrhundert.

Bischöfen wurden gefolgschaftliche Bindungen verboten. Doch gerade diese Bestimmung, wie auch andere, wurden von Karl selbst missachtet, wenn seine Herrschaftsausübung dies geboten erscheinen ließ. Besonders deutlich wird das in der Rolle der Äbte, denen Karl einerseits geistliches Leben unter bewusstem Verzicht auf adligen Lebenswandel auferlegte, sie andererseits aber auf politischem und sogar militärischem Gebiet zum Reichsdienst verpflichtete.

Bei Mönchen wurde die Einhaltung der Benediktsregel als verbindlichem Regelwerk ebenso gefordert wie bei Klerikern die Einhaltung des *ordo canonicus*. Allerdings wurde eine konsequente Umsetzung dieser Bestimmungen erst auf mehreren Synoden ab 816 durch Karls Sohn und Nachfolger Ludwig den Frommen geregelt.

Unter Ludwig dem Frommen erreichte die fortgesetzte Kirchenreform breitere Bevölkerungsschichten, da nun die Bischöfe in ihren Bistümern Veränderungen, die sich aus Synodalbeschlüssen und Reformkapitularien ergaben, in allen sozialen Schichten umsetzten.

Die zunehmende kirchliche Durchdringung des Alltags lässt sich archäologisch anhand des Bestattungsbrauchtums gut erkennen. Seit dem 7. Jahrhundert ist eine immer weiter fortschreitende Reduzierung der zuvor üblichen Grabbeigaben zu beobachten, bis hin zur völligen Aufgabe dieser Sitte.

Die Forschung deutet dieses Phänomen als ein Zeichen der zunehmenden Christianisierung der Bevölkerung. Allerdings scheint die Mitgabe von Gegenständen in das Grab von der karolingischen Elite nicht als heidnische Sitte angesehen worden zu sein. Anders als die Verbrennung der Toten oder die Beisetzung in den »Grabhügeln der Heiden« finden Beigaben keine Erwähnung in der *Capitulatio de partibus Saxoniae*, mit der Karl der Große heidnisches Tun der unterworfenen Sachsen verhindern wollte.

Vermutlich ist das langsame Auslaufen der Beigabensitte auf eine zunehmende Intensivierung und Vereinheitlichung der Sterbe- und Totenliturgie zurückzuführen, die ihre wichtigsten Stationen nicht mehr am Grab, sondern am Sterbebett und in der Kirche hatte.

Viele der während der Karolingerzeit entstandenen Kirchenbauten sind heute nur noch in Fragmenten erhalten oder durch archäologische Grabungen nachweisbar. Die Ausgrabungsbefunde zeigen, dass Bischofs- und Klosterkirchen zunehmend monumentalere Dimensionen erhielten, während auf dem Land die Zahl kleiner Saalkirchen zunahm.

Die verstärkten Kontakte nach Rom inspirierten auch die Architektur. Der von Abt Fulrad von 754 bis 775 in St. Denis bei Paris errichtete Neubau der Klosterkirche, gilt als erste Kirche in Form einer römischen Basilika. Noch deutlicher werden die Bezüge in Fulda, wo die 791 bis 819 erneuerte Abteikirche nach dem Vorbild von Alt-St. Peter in Rom konzipiert wurde.

Dieser aus Bronze, Silber- und Kupferblech gefertigte Gürtelbeschlag zeigt im Bildfeld mit den ineinander verschlungenen Tieren und dem Rankendekor den sogenannten Tassilokelch-Stil, der für die Zeit des späten 8. und frühen 9. Jahrhunderts im Maingebiet sowie an der Maas typisch ist.

Rekonstruktion des zweiten karolingischen Baus des 8. Jahrhunderts unter dem Xantener Dom. Nach dem Grabungsbefund von H. Borger handelt es sich um die erste Stiftskirche in Xanten.

Wachsende Verehrung von Heiligengräbern, die vielfach unter dem Hauptaltar der Kirchen angelegt wurden, sowie der Wunsch, sie den Besuchern zugänglich zu machen, bedingte einen vermehrten Bau von Krypten. Vielerorts als Stollen- oder Ringkrypta ausgestaltet, führten sie den Pilger soweit an das verehrte Grab heran, bis er es sehen oder gar berühren konnte, also das Grab als eigentliche Berührungsreliquie fassen konnte.

Bis weit in das Hochmittelalter hinein bestand ein weiterer Bautyp, der während der Karolingerzeit entwickelt wurde. Turmartige Baugruppen, wie sie schon an der 790 begonnenen Abteikirche in Centula errichtet wurden, führten zu einer Ausbildung des Westteils der Kirchen als eigenständigem Raum, dem so genannten Westwerk. Eindrucksvollstes Beispiel dieses Bautyps ist die zwischen 873 und 885 erbaute Kirche in Corvey. Vermutlich sollten die Westwerke die Präsenz des Herrschers sinnfällig machen; die Empore war wie in Aachen auch der Ort, an dem der Kaiser an der Liturgie teilnahm.

Neben den umfangreichen Neubauten und Erweiterungen der Kirchen entstanden auch neue Pfalzen, deren Errichtung vom Kaiser selbst veranlasst wurde. Der Geschichtsschreiber und Biograf Karls des Großen, Einhard, berichtet von Neubauten in Paderborn, Nijmegen, Ingelheim und Aachen. Letztere sind von besonderer Bedeutung, da beide auch nach 1200 Jahren noch immer in Teilen erhalten sind.

In Aachen steht mit der Marienkirche einer der bedeutendsten Kirchenbauten ihrer Zeit. Die Kirche war Teil der von Karl neu erbauten Pfalzanlage, die bis etwa 800 vollendet wurde. Der monumentale Zentralbau mit seinem achteckigen Innenraum und dem zweigeschossigen, 16-eckigen Umgang griff vermutlich das Vorbild der byzantinischen Kirche San Vitale in Ravenna auf. Die Bronzetüren und die acht Bronzegitter der Empore, die vor Ort gegossen worden sind, gehören zu den qualitätsvollsten erhaltenen Bronzearbeiten der Karolingerzeit.

Besucher betraten die Kirche über ein im Westen vorgelagertes Atrium, dessen Dimensionen noch heute im Domhof erkennbar sind. Zwei seitlich an die Kirche angebaute dreischiffige Gebäude haben in Teilen bis in das 19. Jahrhundert hinein gestanden. Archäologische Untersuchungen haben dort einen zweigeschossigen Gang mit mittig gelegenem Turm nach-

gewiesen, der die Kirche mit der *aula regia* verband. Von dieser Königshalle sind im heutigen Rathaus nur noch Teile erhalten, während der benachbarte »Granusturm« ohne große Zerstörungen die Zeit überdauert hat. Von anderen Gebäuden und ihrer Nutzung erfahren wir noch aus den Schriftquellen. Mit Hofkapelle, Bibliothek, Werkstätten, Unterkünften, Stallungen und einer Reihe weiterer Gebäude muss die Aachener Pfalz wie eine kleine Stadt in der Stadt gewirkt haben.
Die nachmittelalterliche andere Nutzung von Gebäuden hat in Ingelheim dazu geführt, dass von der zweiten bedeutenden karolingischen Pfalz auf deutschem Boden heute noch aufgehendes Mauerwerk erhalten ist. Zusammen mit den Ergebnissen archäologischer Grabungen sind so heute wichtige Bereiche der Anlage bekannt.
Zentraler Ort war auch hier die *aula regia,* ein Saalbau mit eingezogener, halbrunder Apsis, der möglicherweise ein Hof vorgelagert war. Die Nordseite der Pfalz wurde durch einen Gebäudeflügel mit mehreren großen Räumen gebildet, die als Wohn- oder Repräsentationsräume gedeutet werden. An ihn schließt ein exedraartiger Halbkreisbau an. Außen vorgelagert finden sich runde Türme, innen ist ein Säulengang nach antiken Vorbildern der Raumflucht vorgelagert.
Ähnlich wie in Aachen scheint Ingelheim auf den ersten Blick einen geschlossenen Grundriss zu haben. Doch trotz intensiver Forschung ist es in beiden Orten bisher nicht gelungen, einen weiteren, das Geviert schließenden Baukörper zu entdecken.
Christoph Keller

Weiterführende Literatur: A. Angenendt, Das Frühmittelalter. Die abendländische Christenheit von 400 bis 900, [2]Stuttgart/Berlin/Köln 1995; H. Grewe, Die Ausgrabungen in der Königspfalz zu Ingelheim am Rhein, in: L. Fenske u. a. (Hg.), Splendor palatii. Neue Forschungen zu Paderborn und anderen Pfalzen der Karolingerzeit, Deutsche Königspfalzen: Beiträge zu ihrer historischen und archäologischen Erforschung 5, Veröff. Max-Planck-Inst. Gesch. 11/5, Göttingen 2001, S. 155–174; Ch. Stiegemann/M. Wemhoff, 799 – Kunst und Kultur der Karolingerzeit: Karl der Große und Papst Leo III. in Paderborn, Mainz 1999

STAB DES HEILIGEN MATERNUS

Die Legende sagt, dass in frühchristlicher Zeit zehn Bischöfe in Tongeren residiert haben. Über die historischen Hintergründe dieser Quellen kann nur spekuliert werden.
Tongeren war der bedeutendste nördliche Kreuzungspunkt der römischen Hauptstraßen in der *Germania inferior*. Es ist kaum anzunehmen, dass die Stadt nicht durch das früheste Christentum berührt wurde. Maternus steht am Beginn der Bischofsliste von Tongeren, er wird allerdings auch von der mittelalterlichen Überlieferung für Trier in Anspruch genommen. 313 und 314 war er als Bischof von Köln auf den Konzilien von Rom und Arles. Vielleicht gründete er das Bistum Tongeren von Köln aus.
Sehr wahrscheinlich residierte hier in der Mitte des 4. Jahrhunderts Bischof Servatius. Bei noch andauernden Ausgrabungen unter der Tongerner Kathedrale wurden Reste eines Apsidenbaus aus dem 4. Jahrhundert entdeckt; möglicherweise besitzt der Platz auch noch ältere Traditionen.
In Tongeren wird der heilige Maternus als erster Bischof der Stadt verehrt. Entsprechend der mittelalterlichen Überlieferung, die in ihm den Oberhirten dreier Bistümer sah, erscheint er auch mit drei Kirchen, drei Mitren und drei Bischofsstäben in der kirchlichen Kunst. Der Kathedralschatz von Tongeren bewahrt seit unvordenklichen Zeiten verschiedene Reliquien von Maternus, die bedeutendste ist der ihm zugeschriebene Bischofsstab.
Ursprünglich war das ein einfacher hölzerner Wanderstab mit einem Fuß aus Kupfer. Er wurde bei dem großen Stadtbrand von 1677 beschädigt. Auf Initiative des Domkapitels arbeitete im Jahr 1757 der örtliche Goldschmied Jean Joseph Binon die Reste der Reliquie in einen silbernen Krummstab von 138 cm Länge ein. Der ursprüngliche Stab ist durch ein Glasfenster am Oberteil sichtbar. Dieses ist zu einer Volute gekrümmt, die auf einem sechseckigen Knoten (Nodus) ruht. Hier ist ein Bild des heiligen Maternus angebracht. Auf dem Stab steht ein Chronogramm (Text, in dem einzelne Buchstaben eine Jahreszahl ergeben), nämlich MDCCLVII (= 1757): »sanCte TongrorUM apostoLe InterCeDe pro nobIs« (Heiliger Apostel von Tongeren, tritt für uns ein). Eine zweite Inschrift besagt »Pastorale pedum theca servantur in ista Divi Materni mytra qui triplice clarus Primus apud Tungros hos convertendo resedit« (Der Hirtenstab des heiligen Maternus wird in diesem Behältnis aufbewahrt, der, berühmt durch seine dreifache Bischofswürde, als erster bei den Tongernern residierte, um sie zu bekehren). Unten am Stab befindet sich neben anderen Punzmarken auch die der Stadt Tongeren.
Albert Boulet (Übers. Sebastian Ristow)

Aufbewahrungsort: Schatz der Kathedrale von Tongeren, Inv.-Nr. OLV-LI-219

Literatur: S. Ristow, Maternus, in: Biographisch-Bibliographisches Kirchenlex. 20, Nordhausen 2002, Sp. 994–997; C. Vandegehuchte/D. Bouve/St. Vandewal, Inventaris – catalogus roerend patrimonium Onze-Lieve-Vrouw-Geboorte Basiliek Tongeren, Tongeren 2004, S. 311

MEROWINGISCHE FIBEL MIT CLOISONNIERTER GOLDSCHMIEDEARBEIT
AUS ROSMEER (BELGIEN)

Diese Fibel wurde 1969 in Grab 90 des merowingischen Gräberfeldes von Rosmeer entdeckt und gehört zum Typ der Filigranscheibenfibeln mit Edelstein- und Glasperlenauflage. Sie misst 6,4 cm im Durchmesser. Das verzierte Goldblech ist mit acht Nieten auf einem silbernen Grundblech befestigt. Der Nadelhalter und die Halterung der Spiralrolle bestehen ebenfalls aus Silber und sind auf die hintere Scheibe gelötet. Die Nadel selbst war aus Eisen gefertigt, wie einige Eisenoxidreste belegen. Zur Aufhängung des Schmuckstückes diente ein an dem Grundblech angelöteter Silberring. Am Rand des goldenen Deckbleches ist ein erhöhter Rahmen aus Zellenwerk angebracht, der von 32 kleinen Zellen aus Goldstegen (sogenannten Cloisons) gebildet wird. Er wird von vier großen rechteckigen Fassungen unterbrochen, die im 90-Grad-Winkel angeordnet sind, sowie durch vier runde Fassungen, die in den Halbierenden der durch letztere geformten Winkel sitzen. Die Mitte der Fibel besteht aus vier Armen eines Kreuzes, über deren Schnittpunkt sich eine ovale Fassung befindet. Die Cloisonnierarbeit setzt sich mit zwei kleinen rechteckigen Zellen in der Verlängerung jeder der vier Arme des zentralen Elementes fort. Vier kleine Halbmonde, die mit einer kleinen zylindrischen Fassung versehen sind, sind an winzige runde Fassungen gefügt. Die Fibel ist mit roten Granaten böhmischer Herkunft und farbigen Glasperlen besetzt. Die Filigranarbeit, die die Fibel verziert, ist aus Goldfäden hergestellt, deren Perlung durch gerade Einkerbungen oder durch Torsion erreicht wurde.
Die christliche Bedeutung der Fibel, nahegelegt durch das Hauptmotiv in Form eines Kreuzes, dürfte durch einen kreuzförmigen Hohlraum auf der Rückseite der Goldscheibe bestätigt sein, der mit einer Mischung aus weißem Ton und Bienenwachs gefüllt ist. Vielleicht kommt diesen Materialien eine magisch-kultische Bedeutung zu.
Der Fibeltyp dürfte von Werkstätten im fränkischen Reich hergestellt worden sein, die unter starkem Einfluss der Hofwerkstätten standen. Die Datierung ist dank eines zwischen 610 und 620 geprägten Triens aus dem gleichen Grab gesichert. C. Lorren schlägt für diesen Fibeltyp eine generelle Datierung vom Ende des 6. bis zum Ende des 7. Jahrhunderts vor.
Else Hartoch (Übers.: Andrea Schenk)

Aufbewahrungsort: Gallo-römisches Provinzialmuseum Tongern (Inv.-Nr. 76.C.260)

Literatur: C. Lorren, Fibules et plaques-boucles à l'époque mérovingienne en Normandie. Contribution à l'étude du peuplement, des échanges et des influences, de la fin du Ve au début du VIIIe siècle, Paris 2001; H. Roosens/D. Thomas-Goorieckx, Merovingische gouden sierschijf van Rosmeer. Archeologisch onderzoek. Une fibule mérovingienne en orfèverie cloisonnée trouvée à Rosmeer. Examin de laboratoire, Archaeologica Belgica 123, 1970

ANDERNACH: STADTMUSEUM

Hochstraße 99 · D-56626 Andernach
ÖZ: Dienstag bis Freitag 10.00 bis 12.00 und 13.00 bis 17.00 Uhr · Samstag, Sonntag, Feiertag 14.00 bis 17.00 Uhr · Montag geschlossen · Telefon: +49 +2632-92 22 18 oder 92 22 26
Mail: museum@andernach.de · http://www.andernach.net
Neben Sonderausstellungen und archäologischen Funden zur Stadtgeschichte präsentiert das Stadtmuseum auch einige der spätantik-frühmittelalterlichen Grabsteine aus Andernach. Nach Trier und Köln ist die Stadt der bedeutendste Fundort frühchristlicher Grabinschriften im Rhein-Moselraum.
Literatur: A. Vogel, Die merowingerzeitlichen Funde von Andernach (Kreis Mayen-Koblenz). Universitätsforsch. zur prähist. Arch. 131, Bonn 2006.

BINGEN: HISTORISCHES MUSEUM AM STROM

Museumstraße 3 · D-55411 Bingen am Rhein
ÖZ: Dienstag bis Sonntag 10.00 bis 17.00 Uhr · Telefon: +49+6721-99 06 54 oder 99 15 31 · Fax: +49+6721-99 06 53
Mail: historisches-museum@bingen.de · http://www.bingen.de
Das Museum zeigt eine umfangreiche Sammlung zur Ortsgeschichte und besitzt auch einige frühchristliche archäologische Funde.
Literatur: G. Rupprecht/A. Heising, Vom Faustkeil zum Frankenschwert. Bingen – Geschichte einer Stadt am Mittelrhein, Mainz 2003.

BONN: DIETKIRCHE

Wohnanlage an der Drususstraße · D-53111 Bonn
ÖZ: öffentlich zugänglich
Im Südwesten des ehemaligen Bonner Legionslagers entstand im Frühmittelalter die Dietkirche, die in der Bedeutung zunächst dem Münster vorstand. Erst mit der Verlagerung des Bonner Siedlungskerns um die Wende des ersten Jahrtausends erlangte das Bonner Münster die Funktion der Hauptkirche. Zu sehen sind konservierte Reste der hochmittelalterlichen Dietkirche und ein Modell des Römerlagers.
Literatur: W. Sölter, Das Ende einer Ausgrabung. Die Ausgrabungen 1976 im römischen Legionslager Bonn, in: Rheinische Ausgrabungen '76. Das Rheinische LandesMuseum Bonn, Sonderheft, Bonn 1977, S. 116ff.; G. Eising-Oellers, Archäologie zwischen Wohnbauten. Rekonstruktion der Bonner Dietkirche und des römischen Lagers für einen »Archäologischen Park« innerhalb eines Wohngebietes. Rheinische Heimatpfl. 15, 1978, S. 274ff.

BONN: MÜNSTER Münsterplatz · D-53113 Bonn

ÖZ: tagsüber · Telefon: +49+228-98 588-0 · Fax: Pfarrbüro +49+228-98 588-15

Mail: pfarrbuero@bonner-muenster.de · http://www.bonner-muenster.de

Unter dem Bonner Münster fand man bei Ausgrabungen in den 1930er-Jahren Gräber eines römischen Friedhofs und eine *cella memoriae*, einen kleinen Bau, der dem Totengedächtnis diente. Über diesen Arealen entstand im 6. Jahrhundert ein rechteckiger Saalbau, in den merowingische Gräber eingebracht wurden. Schon Ende des 7. Jahrhunderts, so berichtet eine Urkunde, hatte sich an diesem Ort ein Stift angesiedelt. Aus dem Saalbau mit seinen verschiedenen An- und Umbauten ging dann das heutige Bonner Münster hervor.

Literatur: Ch. Keller/U. Müssemeier, Die merowinger- u. karolingerzeitlichen Bauten unter der Münsterkirche in Bonn, in: Archäologisches Zellwerk. Beitr. zur Kulturgesch. in Europa u. Asien. Festschr. H. Roth., hg. v. E. Pohl/U. Recker/C. Theune. Internat. Arch. Stud. honoraria 16, Rahden 2001, S. 287–318; S. Ristow, Bonn. RAC, Suppl.-Bd. II, Lfg. 9, Stuttgart 2002, Sp. 86–98.

BONN: RHEINISCHES LANDESMUSEUM BONN

Colmantstr. 14–18 · D-53115 Bonn

ÖZ: Dienstag, Donnerstag bis Sonntag: 10.00 bis 18.00 Uhr · Mittwoch: 10.00 bis 21.00 Uhr · Telefon: +49+228-20 70-0 · Fax: +49+228-20 70-150

Mail: rlmb@lvr.de · http://www.rlmb.lvr.de

Das Rheinische LandesMuseum beherbergt eine der bedeutendsten archäologischen Sammlungen des Rheinlands und besitzt herausragende Denkmäler frühchristlicher Zeit, wie die Grabstele von Niederdollendorf oder Glasschalen und andere Grabfunde aus Bonn mit christlichem Dekor.

Literatur: Spätantike und frühes Mittelalter. Ausgewählte Denkmäler im Rheinischen LandesMuseum Bonn, hg. v. J. Engemann/Ch. B. Rüger, Köln 1991; 100 Bilder und Objekte. Archäologie und Kunst im Rheinischen LandesMuseum Bonn, hg. v. F. G. Zehnder. Kat. d. Rheinischen LandesMuseums 9, Köln 1999; Frühes Christentum an Rhein, Maas und Mosel. Die Zeugnisse der archäologischen und historischen Quellen. Jahrbuch 2006 des Rheinischen Vereins für Denkmalpflege und Landschaftsschutz e.V., Köln 2006.

BOPPARD: KIRCHE ST. SEVERUS

Marktplatz · D-56154 Boppard
ÖZ: nach vorheriger Anmeldung im Pfarramt
Telefon: +49+64 742-23 15 · Fax: +49+64 742-20 57
Mail: pfarramt@sankt-severus.de · http://www.sankt-severus.de
Bei Ausgrabungen in der romanischen Kirche St. Severus wurden Reste eines Vorgängerbaus aus dem 6. Jahrhundert erfasst. Das frühchristliche Taufbecken konnte unter dem Boden der Kirche konserviert werden. Der Grundriss der frühchristlichen Kanzelanlage (Ambo) ist im modernen Bodenbelag nachvollzogen. An der Westwand einige frühchristliche Grabinschriften aus Boppard.
Literatur: S. Ristow, Der Begriff »frühchristlich« und die Einordnung der ersten Kirche von Boppard am Rhein. In: Vom Orient bis an den Rhein. Begegnungen mit der Christlichen Archäologie, P. Poscharsky zum 65. Geburtstag, hg. v. U. Lange/R. Sörries. Christliche Arch. 3, Dettelbach 1997, S. 247–256.

BOPPARD: SPÄTRÖMISCHES KASTELL/ARCHÄOLOGISCHER PARK

Innenstadt/Angertstraße · D-56154 Boppard
ÖZ: Archäologischer Park ganzjährig öffentlich zugänglich · Führungen anfragen bei Tourist Information · Marktplatz (Altes Rathaus) · Telefon: +49+64 742-38 88 · Fax: +49+64 742-814 02
Mail: tourist@boppard.de · http://www.boppard.de
Die Befestigung des spätantiken Kastellortes Boppard zählt zu den besterhaltenen dieser Art. Im Bereich des Archäologischen Parks sind auch einige davor liegende merowingische Bestattungen eines Gräberfeldes, das auch frühchristliche Beisetzungen enthielt, erschlossen.
Literatur: H. Neumayer, Merowingerzeitliche Grabfunde des Mittelrheingebietes zwischen Nahe- und Moselmündung. Arch. Schr. Inst. Vor- u. Frühgesch. Johannes Gutenberg-Univ. Mainz 2, Mainz 1993; E. J. Nikitsch, Neue, nicht nur epigraphische Überlegungen zu den frühchristlichen Inschriften aus Boppard, in: Neue Forschungen zu den Anfängen des Christentums im Rheinland. Jahrb. für Ant. u. Christentum, Erg.-Bd., Kl. R. 2, Münster 2004, S. 209–223.

BOPPARD: MUSEUM DER STADT BOPPARD

Burgstraße (an der Fähre) · D-56154 Boppard
ÖZ: April bis Oktober, Dienstag bis Sonntag und an Feiertagen 10.00 bis 12.30 und 13.30 bis 17.00 Uhr · Sonderführungen nach Vereinbarung
Telefon: +49+64 742-103 69 · Fax: +49+64 742-103 30
Mail: museum@boppard.de
http://www.boppard.de/2001/html/museum1.htm
Neben Exponaten zur Stadtgeschichte beherbergt das Museum auch frühchristliche Funde.

DÜREN: LEOPOLD-HOESCH-MUSEUM

Hoeschplatz 1 · D-52349 Düren

ÖZ: Mittwoch bis Sonntag 11 bis 18 Uhr, Dienstag 11 bis 20 Uhr · Telefon: +49+2421-25 25 61 · Fax: +49+2421-25 25 60

Mail: museum.dueren@t-online.de · http://www.museum-dueren.de/index_lhm.htm

Das Museum besitzt die frühchristliche Grabinschrift der vornehmen christlichen merowingischen Dame Cheldofrida aus Inden-Pier und einige frühchristliche Kleinfunde aus der Region.

Literatur: R. M. Plum, Die merowingerzeitliche Besiedlung in Stadt und Kreis Aachen sowie im Kreis Düren. Rheinische Ausgr. 49, Mainz 2003.

KOBLENZ: LANDESMUSEUM

Festung Ehrenbreitstein · D-56077 Koblenz

ÖZ: täglich von 09.30 bis 17.00 Uhr · Telefon: +49+261-66 75-0 · Telefax: +49+261-70 19 89

http://www.landesmuseumkoblenz.de/

Die ständige Ausstellung zur Archäologie an Mittelrhein und Mosel präsentiert unter anderem frühchristliche Grabinschriften aus Neef und Boppard und verschiedene christliche Kleinfunde, wie bronzene Kreuzfibeln der Merowingerzeit aus Thür.

Literatur: H.-H. Wegner, Archäologie in Koblenz. Arch. an Mittelrhein u. Mosel 6, Koblenz 1991; A. v. Berg/H. H. Wegner, Jäger – Bauern – Keltenfürsten: 50 Jahre Archäologie an Mittelrhein und Mosel. Archäologie an Mittelrhein u. Mosel 13, Koblenz 2001.

KÖLN: DOM, AUSGRABUNGEN UND FUNDE IN DER DOMSCHATZKAMMER

Domkloster 4 · D-50667 Köln

Zugang zur Grabung nur mit Führung. Gruppenführungen durch die Grabung und die Schatzkammer des Kölner Domes werden von der Dombauverwaltung als Bereich des Metropolitankapitels der Hohen Domkirche Köln durchgeführt. Anfragen können nur telefonisch entgegen genommen werden. Anmeldung: Montag bis Donnerstag 10:00 bis 13:00 Uhr · Domschatzkammer ÖZ: Montag bis Sonntag 10.00 bis 18.00 Uhr · Telefon: +49+221-179 40 555

http://www.koelnerdom.de/ · www.dombau-koeln.de

Unter und um den Kölner Dom wurde zwischen 1946 und 1997 ausgegraben. Neben Befunden, die eine durchgängige Besiedlung und Bebauung dieses Geländes im Nordosten des römischen Köln belegen, sind auch frühchristliche Architekturreste erhalten. Ein erster größerer Bau unter

dem Ostchor des Domes aus dem 5. Jahrhundert und sein kirchlicher Nachfolgebau aus der zweiten Hälfte des 6. Jahrhunderts sind nur fragmentarisch erhalten. Einzelne Mauern und Böden dieser Gebäude können besichtigt werden. Das östlich des Domchores erhaltene Taufbecken der Kirche des 6. Jahrhunderts, das schon im 19. Jahrhundert ausgegraben und durch einen Schutzbau konserviert wurde, ist nur bei besonderen Gelegenheiten zu besichtigen. Die Einbindung dieses frühchristlichen Denkmals in die öffentlich zugängliche Bebauung ist seit den 1960er-Jahren angedacht.
In der Domschatzkammer können die Beigaben zweier fränkischer Gräber des austrasischen Königshauses besichtigt werden, die 1959 unter dem Chor des Domes gefunden wurden. Die in dem Vorgängerbau der Kirche der zweiten Hälfte des 6. Jahrhunderts bestattete Dame und ein Knabe waren höchstwahrscheinlich Christen. Aber nur ein kleines Kreuz auf dem Messergriff aus dem Frauengrab zeigt eine christliche Verzierung.
Literatur: S. Ristow, Die frühen Kirchen unter dem Kölner Dom. Befunde und Funde vom 4. Jahrhundert bis zur Bauzeit des Alten Domes = Studien zum Kölner Dom 9, Köln 2002.

KÖLN: RÖMISCH-GERMANISCHES MUSEUM

Roncalliplatz 4 · D-50667 Köln
ÖZ: Dienstag bis Sonntag 10.00 bis 17.00 Uhr · Telefon: +49 +221-22 12 44 38 und 22 12 45 90 · Fax: +49+221-22 12 40 30
Mail: roemisch-germanisches-museum@stadt-koeln.de ·
http://www.museenkoeln.de/roemisch-germanisches-museum
In der ständigen Ausstellung zur stadtgeschichtlichen Archäologie ist der römischen Götterwelt breiter Raum gegeben. Auch aus spätantik-frühchristlicher Zeit besitzt das Museum herausragende Funde, wie einige der bekannten Schliffgläser oder Bronzebeschläge mit christlichen Bildern. Hinzu kommen frühmittelalterliche Funde aus den Gräberfeldern und Kirchen.
Literatur: G. Ristow, Römischer Götterhimmel und frühes Christentum. Bilder zur Frühzeit d. Kölner Religions- u. Kirchengesch., Köln 1980.

KÖLN: ST. GEREON

Gereonskloster · D-50670 Köln
ÖZ: Montag bis Freitag 10.00 bis 14.00 Uhr, Samstag 10.00 bis 12.00 Uhr, Dienstag bis Sonntag 15.00 bis 17.00 Uhr · Führungen nur nach Absprache mit dem Pfarramt · Telefon: +49+221-13 49 22
http://www.romanische-kirchen-koeln.de
Der spätantike Zentralbau von St. Gereon ist im Kern der heutigen romanischen Kirche erhalten, wie an einigen Stellen zu erkennen.
Literatur: U. Verstegen, Ausgrabungen und Bauforschungen in St. Gereon zu Köln. Kölner Forsch. 9, Mainz 2006.

KÖLN: ST. SEVERIN UND AUSGRABUNGEN

Severinskirchplatz · D-50678 Köln
ÖZ der Kirche: Montag bis Samstag 9.00 bis 18.00 Uhr, Sonntag 9.00 bis 12.00 Uhr · Führungen nur nach Absprache mit dem Pfarramt · Telefon: +49+221-931 84 20
http://www.romanische-kirchen-koeln.de

Unter der romanischen Kirche sind in der Ausgrabungszone die Reste des kleinen spätrömischen Apsidensaals, der in- und umliegenden Gräber und weitere Architektur des römisch-merowingischen Kölner Südgräberfeldes konserviert. Spätestens seit dem 7. Jahrhundert dürfte hier eine Kirche eingerichtet worden sein, die vielleicht auch schon mit der Verehrung des spätantiken Kölner Bischofs Severin verbunden war.

Literatur: B. Päffgen, Die Ausgrabungen in St. Severin zu Köln. Kölner Forsch. 5, 1–3, Mainz 1992.

KÖLN: ST. URSULA

Ursulaplatz 30 · D-50668 Köln
ÖZ: Montag bis Samstag: 10.00 bis 12.00 und 15.00 bis 17.00 Uhr, Sonntag: 15.00 bis 17.00 Uhr · Telefon: +49+221-13 34 00
http://www.romanische-kirchen-koeln.de

In der südlichen Chorwange ist die Bauinschrift des Clematius eingemauert, die von der Erneuerung der Verehrungsstätte für die heiligen Jungfrauen durch den wohlhabenden Stifter Clematius berichtet. Deren Anführerin war seit dem Mittelalter die heilige Ursula. Die Datierung der Inschrift und damit auch der Baumaßnahme sind umstritten. Wahrscheinlich stammt sie aus spätkarolingischer Zeit. Am Ort eines spätantiken Coemeterialbaus richtete man schon in der zweiten Hälfte des 6. Jahrhunderts eine Kirche ein, nachgewiesen durch den Einbau einer schlüssellochförmigen Amboanlage.

Literatur: G. Nürnberger, Die frühchristlichen Baureste der Kölner Ursulakirche: hg. v. S. Ristow, Neue Forschungen zu den Anfängen des Christentums im Rheinland = Jahrb. für Ant. u. Christentum, Erg.-Bd. Kl. R. 2, Münster 2004, S. 149–172.

KREFELD: MUSEUM BURG LINN

Rheinbabenstraße 85 · D-47809 Krefeld
ÖZ: Dienstag bis Sonntag (April bis Oktober) 10:00 bis 18:00, (November bis März) 11:00 bis 17:00 Uhr · Telefon: +49+2151-57 00 36 · Fax: +49+2151-57 19 72
Mail: burglinn@krefeld.de · http://www.krefeld.de

Das Museum beherbergt vor allem die spätantik-frühmittelalterlichen Grabfunde des Großgräberfeldes von Krefeld-Gellep.

Literatur: R. Pirling/Ch. Reichmann, Krefeld-Gellep. In: Duisburg und der untere Niederrhein zwischen Krefeld, Essen, Bottrop und Xanten. Führer zu archäologischen Denkmälern in Deutschland 21, Stuttgart 1990, S. 150–166, Krefeld. Die Geschichte einer

Stadt 1. Von der Frühzeit bis zum Mittelalter, hg. v. R. Feinendegen/H. Vogt, Krefeld 1998.

MAINZ: LANDESMUSEUM

Große Bleiche 49–51 · -55116 Mainz
ÖZ: Dienstag 10:00 bis 20:00 Uhr, Mittwoch bis Sonntag 10:00 bis 17:00 Uhr · Telefon: +49+6131-28 57 0 · Fax: +49+6131-28 57 88
Mail: kontakt@landesmuseum-mainz.rlp.de · http://www.landesmuseum-mainz.de
Das Landesmuseum Mainz besitzt eine umfangreiche Sammlung frühchristlicher Denkmäler vom Mittelrhein. Dazu zählen erstrangige Kleinfunde, wie Gürtelgehänge, Zierscheiben und Ähnliches und eine nennenswerte Zahl christlicher Grabinschriften aus den Perioden zwischen Spätantike und Karolingerzeit.
Literatur: G. Behrens, Das frühchristliche und merowingische Mainz. Nach den Bodenfunden dargestellt. Kulturgeschichtlicher Wegweiser des RGZM 20, Mainz 1950; R. Knöchlein, Mainz. Zwischen Römern und Bonifatius. Siedlungsfunde der Merowingerzeit. Archäologische Ortsbetrachtungen 2, Mainz 2003.

MAINZ: RÖMISCH-GERMANISCHES ZENTRALMUSEUM

Forschungsinstitut für Vor- und Frühgeschichte · Ernst- Ludwig-Platz 2 · D-55116 Mainz
ÖZ: Dienstag bis Sonntag 10 bis 18 Uhr · Telefon: +49+6131-91 24 0 · Fax: +49+6131-91 24 199
info@rgzm.de · http://web.rgzm.de/
In der Schausammlung sind Funde und Kopien spätantiker und frühmittelalterlicher Zeit ausgestellt. Unter anderem befinden sich hier auch Nachbildungen berühmter frühchristlicher Kunst, wie etwa Mosaikbilder aus Ravenna und ähnliches.
Literatur: Jahrb. RGZM; Monogr. RGZM, Forschungsinst. Vor- und Frühgeschichte; RGZM Mainz, Kat. vor- u. frühgeschichtlicher Altertümer.

MONHEIM: ARCHÄOLOGISCHES MUSEUM HAUS BÜRGEL

Urdenbacher Weg (Haus Bürgel) · D-40789 Monheim am Rhein
ÖZ: Sonntags 14.30 – 17.00 Uhr (ganzjährig, außer feiertags)
Telefon: +49+2173-95 11 40 (werktags, Herr Bosbach)
Mail: info@marke-monheim.de · http://www.nrw-stiftung.de
Reste des spätantiken Burgus sind in einer heute noch genutzten Hofanlage zu besichtigen. Das angeschlossene Museum zeigt römische Funde aus dem spätantiken Militäralltag.
Literatur: M. Gechter, Das spätantike Kastell Haus Bürgel. In: Von Anfang an. Archäologie in Nordrhein-Westfalen. Ausstellungskat. Köln, hg. v. H. Hellenkemper/H. G. Horn/H. Gregarek. Schr. zur Bodendenkmalpfl. in Nordrhein-Westfalen 8, Mainz 2005, S. 476ff.

REMAGEN: RÖMISCHES MUSEUM

Kirchstraße 9 · D-53424 Remagen
ÖZ: März bis Oktober, Mittwoch bis Sonntag 15 bis 17 Uhr · für Gruppen nach Vereinbarung · Telefon: +49+2642-201-59
www.remagen.de
Das römische Museum Remagen besitzt unter den Funden zur Remagener Stadtgeschichte auch ein frühchristliches Steinfragment mit Christogramm.
Literatur: S. Mucke/S. Ristow/W. Schmitz, Ein »neues« spätantikes Steinfragment und ein frühmittelalterliches Inschriftenfragment im Museum Remagen. Rheinische Heimatpfl. 43, 2006, S. 22ff.

SPEYER: HISTORISCHES MUSEUM DER PFALZ

Domplatz · D-67346 Speyer
ÖZ: Dienstag bis Sonntag 10 bis 18 Uhr · Telefon: +49+6232-13 25 0 · Fax: +49+6232-13 25 40
Mail: info@museum.speyer.de
http://museum.speyer.de/de/histmus/
Das Historische Museum der Pfalz in Speyer zeigt im Rahmen seines Überblicks über die Vor- und Frühgeschichte der Pfalz auch die seltenen frühchristlichen Funde aus der Region, wie den Säulenstempel mit *crux monogrammatica* und den Brotstempel aus Eisenberg.
Literatur: H. Bernhard, Speyer in der Vor- und Frühzeit. Von der Steinzeit bis zum Frühmittelalter (um 22000 vor Chr. Geb. bis ins 5. Jahrhundert n. Chr.), in: Geschichte der Stadt Speyer 1, Stuttgart 1982; S. 1–161.

TREIS-KARDEN: STIFTSKIRCHE UND MUSEUM

Stiftsmuseum an St. Castor · Karden · St.-Castor-Straße 1 · D-56253 Treis-Karden
ÖZ: Ostern, Mai bis Oktober: Mittwoch bis Freitag 14 bis 17 Uhr und Samstag, Sonntag, Feiertage 10 bis 12, 14 bis 17 Uhr · für Gruppen (ab 10 Pers.) auch außerhalb der Öffnungszeiten nach Vereinbarung. · Telefon: +49+2672-61 37 · Fax: +49+2672-61 53
Mail: info@ferienland-treis-karden.de
Im Rahmen einer Ausstellung zur Ortsgeschichte sind auch spätantike und frühmittelalterliche Funde aus den Grabungen in Karden präsentiert.
Literatur: H. Eiden, Ausgrabungen zur historischen Topographie von Cardena (Karden) 1965–1970. In: Ausgrabungen in Deutschland 2. Römische Kaiserzeit im freien Germanien, Frühmittelalter I. Monogr. RGZM 1, 2, Mainz 1975, S. 64–79; H. Holz, Stiftsmuseum Treis-Karden. Kleine Kunstführer 2594, Regensburg 2005.

EHEMALIGE STIFTSKIRCHE ST. CASTOR

Lindenplatz · Karden · D-56253 Treis-Karden
ÖZ: tagsüber geöffnet
In der Stiftskirche kann der frühchristliche Grabstein der Imina besichtigt werden.
Literatur: L. Schwinden, Zu den frühchristlichen Inschriften von Karden an der Mosel. Trierer Zeitschr. 54, 1991, S. 249–275.

TRIER: DOM, DOMGRABUNG UND DOMSCHATZKAMMER

Dom-Information/Besucherzentrum des Trierer Doms · Liebfrauenstraße 12/Ecke Domfreihof · D-54290 Trier
ÖZ: November bis März täglich 6.30 bis 17.30 Uhr; April bis Oktober täglich 6.30 bis 18.00 Uhr · Die ÖZ der Domschatzkammer liegen innerhalb dieser Zeiten. · Telefon: +49+651-97 90 790 · Fax: +49+651-97 90 799
E-mail: info@dominformation.de
http://www.dominformation.de
Die Trierer Domgrabung gehört zu den bedeutendsten christlich-archäologischen Unternehmen nördlich der Alpen. Unter und im Bau der heutigen Doppelkirche Dom und Liebfrauen befinden sich spätantike und frühmittelalterliche Reste eines gewaltigen Baukomplexes, der schon im 4. Jahrhundert aus vier Basiliken bestand und spätestens seit den 330er-Jahren christlich genutzt worden ist. Im heutigen Bau sind Kapitelle, Säulen und Mauerfluchten der spätantiken Anlage zu erkennen. Teile der ausgegrabenen römischen Vorgängerbebauung und Reste des Basilikenkomplexes kann man nach Anmeldung in der archäologischen Zone westlich der Liebfrauenkirche unter der Dom-Information besichtigen. Die Domschatzkammer beherbergt unter anderem einige frühchristliche Elfenbeinkunstwerke.
Literatur: W. Weber, Neue Forschungen zur Trierer Domgrabung. Die archäologischen Ausgrabungen im Garten der Kurie von der Leyen, hg.v. S. Ristow, Neue Forschungen zu den Anfängen des Christentums im Rheinland = Jahrb. für Ant. u. Christentum, Erg.-Bd. Kl. R. 2, Münster 2004, S. 225–234; A. Binsfeld, Vivas in Deo. Die Graffiti der frühchristlichen Kirchenanlage in Trier. Die Trierer Domgrabung 5. Kat. u. Schr. d. bischöfl. Dom- u. Diözesanmus. Trier 7, Trier 2006 und weitere Publikationen in dieser Reihe.

TRIER: MUSEUM AM DOM. BISCHÖFLICHES DOM- UND DIÖZESANMUSEUM

Windstraße 6–8 · D-54290 Trier
ÖZ: November bis März: Dienstag bis Samstag: 9.00 bis 17.00, sonntags und feiertags: 13.00 bis 17.00 Uhr; April bis Oktober: Montag bis Samstag: 9.00 bis 17.00 Uhr, sonntags und feiertags: 13.00 bis 17.00 Uhr · Telefon: +49+651-71 05 255 · Fax: +49+651-71 05 348
Mail: museum@bgv-trier.de · http://www.museum.bistum-trier.de/

Das Museum beherbergt vorrangig die spätantiken und frühchristlichen Funde aus der Domgrabung, aber auch aus anderen Trierer Kirchengrabungen wie unter St. Maximin oder St. Matthias. Zu den herausragenden Befunden zählt die Wand- und Deckenmalerei aus dem frühen 4. Jahrhundert, mit Darstellungen, die vielleicht im Kontext mit dem constantinischen Herrscherhaus gedeutet werden können.
Literatur: Kataloge u. Schriften d. bischöfl. Dom- u. Diözesanmus. Trier.

TRIER: RHEINISCHES LANDESMUSEUM

Weimarer Allee 1 · D-54290 Trier
ÖZ: Dienstag bis Freitag 9.30 bis 17.00 Uhr; Samstag, Sonntag, Feiertag 10.30 bis 17.00 Uhr · Mai bis Oktober auch Montag 9.30 bis 17.00 Uhr · Telefon: +49+651-977 40 · Fax: +49+651-977 42 22
Mail: RLMTrier@t-online.de · www.landesmuseum-trier.de
Das Rheinische Landesmuseum Trier zeigt die bedeutendste Sammlung frühchristlicher Denkmäler im Rhein-Moselraum. Neben Baudekor und Grabsteinen sind auch exzeptionelle Kleinfunde zu sehen, wie Glasfingerringe mit Christogrammen, aber auch Kunstgegenstände wie eine Pyxis oder Schliffglasschale mit christlichen Bildinhalten.
Literatur: H. P. Kuhnen (Hg.), Religio Romana, Ausstellungskat. Trier 1996; H. Heinen/H. H. Anton/W. Weber (Hg.), Im Umbruch der Kulturen. Spätant. u. Frühmittelalter = Veröff. Bistumsarchiv Trier 38. Gesch. d. Bistums Trier 1, Trier 2003.

TRIER: ST. MATTHIAS

Abtei St. Matthias · Matthiasstr. 85 · D-54290 Trier
ÖZ: tagsüber · Telefon: +49+651-310 79 · Fax: +49+651-170 92 43
Benediktiner@AbteiStMatthias.de ·
http://www.abteistmatthias.de
Ausgrabungen, zuletzt im Jahr 2005, haben die frühchristlichen Ursprünge von St. Matthias, dem Bestattungsort der ersten Trierer Bischöfe Eucharius und Valerius, nachgewiesen. Die Details dieser Grabungen müssen noch aufgearbeitet werden. Sicher sind jedenfalls die Anlage mehrerer Grabbauten im Bereich der heutigen Kirchenumgebung festgestellt und vorkarolingische Architekturbefunde erfasst. In der heutigen Krypta wurden Reste spätantiker Schranken um zwei römische Sarkophage aufgestellt, um an die Gründerbischöfe Triers zu erinnern.
Literatur: L. Clemens/J. C. Wilhelm: Das römische Trier, hg. v. H.-P. Kuhnen. = Führer zu arch. Denkmälern in Deutschland 40, Stuttgart 2001, S. 175–187.

TRIER: ST. MAXIMIN

Maximinstraße 18 b · D-54292 Trier
ÖZ: Besichtigungen der Ausgrabungen für kleinere Gruppen möglich. · Anmeldung über Bischöfliches Dom- und Diözesanmuseum, Telefon +49+651-710 52 55
Im Ausgrabungsareal unter St. Maximin ist die beeindruckende Fülle der in mehreren Schichten angelegten Sarkophagbestattungen aus Spätantike und Frühmittelalter zu besichtigen, die in dem überdachten Friedhof (*coemeterium subteglatum*) auf dem Trierer Nordgräberfeld Platz gefunden hatten. Dieses spätantike Gebäude diente seit der zweiten Hälfte des 6. Jahrhunderts nach dem Einbau eines schlüssellochförmigen Ambo ganz sicher als Kirche. Funde im Dom- und Diözesanmuseum.
Literatur: A. Neyses, Die Baugeschichte der ehemaligen Reichsabtei St. Maximin bei Trier. Kat. u. Schr. d. Bischöfl. Dom- u. Diözesanmus. Trier VI, Trier 2001.

WIESBADEN: MUSEUM, SAMMLUNG NASSAUISCHER ALTERTÜMER

Friedrich-Ebert-Allee 2 · D-65185 Wiesbaden
ÖZ: Dienstag 10 bis 20 Uhr, Mittwoch bis Sonntag und an Feiertagen 10 bis 17 Uhr · Telefon: +49+611-335 21 70 · Fax: +49+611-335 21 92
museum@museum-wiesbaden.de · http://www.museum-wiesbaden.de
Die Sammlung Nassauischer Altertümer im Museum Wiesbaden beherbergt eine umfangreiche Sammlung zur römischen Religion und einige erstrangige frühchristliche Denkmäler, wie den mit einem Christogramm verzierten Stempel in Form einer Fußsohle und verschiedenen Grabinschriften.
Literatur: W. Czysz, Wiesbaden zur Römerzeit, Stuttgart 1994.

WORMS: MUSEUM IM ANDREASSTIFT

Museum der Stadt Worms im Andreasstift · Weckerlingplatz 7 · D-67547 Worms
ÖZ: Dienstag bis Sonntag 10 bis 17 Uhr
Telefon: +49+62 41-94 63 90 · Fax: +49+62 41-240 68
Mail: museum@worms.de · http://www.worms.de
Neben einer Sammlung zur Stadtgeschichte und einem Lapidarium zeigt das Wormser Museum archäologische Funde aus der Region. Unter anderem sind der sogenannte Becher von Wiesoppenheim mit seinen christlichen Szenen und die kreuzverzierte Bulla von Wonsheim zu sehen, aber auch frühchristliche Grabsteine und Kopien solcher Inschriften aus Worms.
Literatur: M. Grünewald, Die Römer in Worms, Stuttgart 1986.

XANTEN: DOM ST. VIKTOR

Kapitel 8 · D-46509 Xanten
ÖZ: April bis Oktober: Montag bis Samstag 10.00 bis 18.00, Sonntag 14.00 bis 18.00 Uhr, November bis März: Montag bis Samstag 10.00 bis 17.00, Sonntag 13.00 bis 17.00 Uhr · Telefon: +49+2801-98 49 90 · Fax: +49+2801-98 49 95
http://www.st-viktor-xanten.de
Bei Ausgrabungen unter dem Xantener Dom entdeckte man Teile ausgedehnter römischer und frühmittelalterlicher Gräberfelder mit spätantiker und frühmittelalterlicher Sepulkral- beziehungsweise Memorialarchitektur. Im 6. Jahrhundert überliefert Gregor von Tours den Bau einer Gedächtniskirche für Märtyrer der thebaischen Legion wahrscheinlich in Xanten. Bei den Ausgrabungen wurde entsprechende Architektur entdeckt. In der modernen Krypta des Domes sind wenige Reste der Memoria zu sehen.
Literatur: Th. Otten, Die Ausgrabungen unter St. Viktor zu Xanten. Dom und Immunität. Rheinische Ausgr. 53, Mainz 2003; I. Runde, Xanten im frühen und hohen Mittelalter. Sagentradition, Stiftsgeschichte, Stadtwerdung. Rhein. Archiv 147, Köln 2003.

XANTEN: ARCHÄOLOGISCHER PARK/REGIONALMUSEUM

Zur Zeit im Bau, Neueröffnung voraussichtlich April 2008 im Archäologischen Park Xanten.
Das Regionalmuseum zeigt bedeutende Funde aus der spätantiken und frühmittelalterlichen Zeit, darunter auch die wenigen frühchristlichen Monumente aus Xanten, wie den christlichen Grabstein des Batimodus und den Knickwandtopf mit Kreuzritzung aus einem Frauengrab der Xantener Domgrabung.

Sebastian Ristow

CHRONOLOGIE – VON DEN GÖTTERN ZU GOTT.
FRÜHES CHRISTENTUM IM RHEINLAND

DIE ANFÄNGE

um 30	Kreuzigung Christi in Jerusalem
um 50	Paulus gründet eine Gemeinde in Korinth. Ausbreitung des Christentums im Mittelmeerraum
64	Erstes gewaltsames Vorgehen gegen Christen unter Kaiser Nero. Wahrscheinlich Martyrium des Petrus
um 67	Martyrium des Paulus in Rom

DAS RHEINLAND UNTER RÖMISCHER HERRSCHAFT – ERSTE EINFÄLLE GERMANISCHER STÄMME

um 250	Rechtsrheinisch siedelnde Germanen durchbrechen die Rheingrenze (256/257). Erste Erwähnung kleinerer germanischer Stämme unter der Sammelbezeichnung »francii« in römischen Quellen

AUSBREITUNG DES CHRISTENTUMS – FRÜHE NACHWEISE IM RHEINLAND

Mitte 3. Jh.	Christen in weiten Teilen des Reiches, vor allem in den Städten und in allen sozialen Schichten. Frühe Zeugnisse in Gallien, Südfrankreich, Arles und Lyon. Systematische Christenverfolgungen ab Kaiser Decius (249/250): Zuvor regional vereinzelte Pogrome
293	Verwaltungs- und Gebietsreform Kaiser Diocletians. Einführung der Viererherrschaft (Tetrarchie): ein *Augustus* und *Caesar* jeweils im Ost- und Westteil des Reiches. **Früheste christliche Überlieferung im Rheinland in der Residenzstadt Trier: unter Caesar Constantius Chlorus Christen in hohen Ämtern**

DIE CHRISTLICHEN KAISER UND FRÜHEN BISCHÖFE IM RHEINLAND

308	Konstantin ist *Caesar* des Westteils des römischen Reiches: Ausbau der Befestigungsanlagen an der Rheingrenze zum Schutz vor Germaneneinfällen.
310	Rheinbrücke in Köln mit Kastell *Divitia* (Köln-Deutz)
311	Edikt des oströmischen Kaisers Galerius: Duldung der christlichen Religion (*religio licita*) im ganzen Reich. Ende der systematischen Christenverfolgungen
312	Siegreiche Schlacht Konstantins an der Milvischen Brücke in Rom unter dem Schutz des Christengottes
313	Mailänder Konvention: Die Kaiser Konstantin und Licinius gewähren Christen Kultfreiheit und Gleichsetzung mit anderen Religionen. Rückgabe konfiszierter Güter an die Christen. **Maternus von Köln erster nachweislicher Bischof im Rheinland. Teilnehmer am Konzil in Rom zur Donatistenfrage**

314	**Bischof Maternus, Diakon Macrinus aus Köln und Bischof Agricius aus Trier Teilnehmer am Konzil von Arles unter Vorsitz des Kaisers**
324	Konstantin Alleinherrscher des gesamten Römischen Reiches
325	Erstes ökumenisches Konzil in Nicäa unter Vorsitz Konstantins. Festlegung des nizänischen Glaubensbekenntnisses
337	Tod Konstantins, möglicherweise Taufe auf dem Sterbebett
335	Aufgabe des obergermanischen Limes
Mitte 4. Jh.	**Bischof Euphrates von Köln auf der Synode von Serdika (343; Vorsitz Kaiser Constantius II.). Frühester archäologischer Nachweis einer Kirche im Rheinland in Trier (unter Dom und Liebfrauenkirche)**
355	**Christlicher Versammlungsraum in Köln überliefert: »Conventiculum ritus christiani«**
357	Julianus, römischer Feldherr und späterer Kaiser, stellt in Köln die von den Franken 355/56 bedrohte Macht am Rhein wieder her
ab 380	Kaiser Theodosius erhebt das Christentum zur Staatsreligion
391/392	Verbot aller heidnischen Kulte
394/5–406/7	Verlegung der Kaiserresidenz von Trier nach Mailand und der Prätorianerpräfektur von Trier nach Arles
um 400	**Bischöfe in nahezu allen Civitates und Castra in Gallien. Eine Kirchenorganisation mit Primas an der Spitze (wie zum Beispiel in Afrika) ist in Gallien erst in Entwicklung**

DAS ENDE DER RÖMISCHEN HERRSCHAFT – BEGINN DER FRÄNKISCHEN MACHTÜBERNAHME IM RHEINLAND

Anf. 5. Jh.	Abzug aller römischen Elitetruppen von Britannien und der Rheingrenze zum Einsatz gegen die Westgoten in Italien (401). Folge: Einfall germanischer Stämme in westliches Reichsgebiet
410	Die Westgoten unter Alarich erobern Rom
Mitte 5. Jh.	Aufgabe der Römischen Regierungsgewalt am Rhein. Beginn der Frankenherrschaft. Köln ist Residenz der Rheinfranken
476	Ende des Weströmischen Reiches
bis 482	Childerich I. herrscht über ein tatsächliches Frankenreich. Residenzstadt ist Tournai. Aufstieg der Salfranken (Merowinger) zur Königsdynastie
482	Chlodwig I. wird König

CHRISTLICHE FRANKENKÖNIGE

486–511	Reichsgründung in Gallien und Germanien durch Chlodwig I.
496/508	**Taufe Chlodwigs und seiner Gefolgschaft durch Bischof Remigius in Reims nach siegreicher Schlacht gegen die Alamannen bei Zülpich (496/497)**

Anf. 6. Jh.	Ausruf Chlodwigs zum »König aller Franken« in Köln
511	**Erste fränkische Reichssynode in Orléans unter Vorsitz des Frankenkönigs. Ziel: Reorganisation der Bistümer im salfränkischen Gebiet.** Nach dem Tod Chlodwigs: Reichsteilung unter den Söhnen
520	König Childebert I. (gest. 558) verbietet heidnische Kulte
ab 2. H. 6. Jh.	**Verstärkter Bau von Kirchen im Rheinland: Kölner Bischof Carentinus vom späteren Bischof von Poitiers, Venantius Fortunatus, wegen seiner Kirchbauten gerühmt. Wiedereinsetzen der wichtigsten Bischofslisten. Bis in Karolingerzeit Fortleben paganer Kulte**
um 590	**Ebergisil ist frühester überlieferter fränkischer Bischof in Köln. Erste explizite Erwähnung der Kölner Kirche (St. Gereon): »Zu den goldenen Heiligen« (»ad sanctos aureos«)**
590–604	Mission der Angelsachsen und Langobarden initiiert durch Papst Gregor den Großen

MISSION IROSCHOTTISCHER MÖNCHE – BISCHÖFE IM DIENST DER FRANKENKÖNIGE

591/592	**Beginn der Mission Columbans (iroschottischer Mönch) im Frankenreich – Klostergründungen Insgesamt Ende des 6. Jh. 17 Kirchenprovinzen in Gallien in Anlehnung an die römische Provinzeinteilung: Belgica prima – Trier; Germania prima – Mainz; Germania Secunda – Köln.** König Chlothar II. Alleinherrscher im Frankenreich (613). Einsatz eines sogenannten Hausmeiers (Majordomus) zur Verwaltung der fränkischen Kernländer
623–663	**Kunibert Bischof von Köln als Berater und Führer der Regierungsgeschäfte im Dienst der Frankenkönige von Chlothar II. bis Hausmeier Pippin II. Beisetzung in der Clemenskirche (St. Kunibert, Köln)**
639	Erneut Reichsteilungen nach Tod Dagoberts I.: Zerfall des merowingischen Staatswesens
679–714	Schlacht von Tertry (687): Pippin II. (der Mittlere) regiert als Hausmeier das Gesamtreich (»princeps francorum«). Aufstieg der pippinisch-karolingischen Königsdynastie. Verschiebung des politischen Schwergewichts an Mosel, Maas und Niederrhein

MISSION ANGELSÄCHSISCHER MÖNCHE – KIRCHENREFORMEN UND BINDUNG AN ROM

689–715	Angelsächsische Mission – Verstärkung des Klosterwesens, Etablierung kirchlicher Strukturen mit Bindung an den Papst in Rom
Anf. 8. Jh.	Karl Martell (714–741) wird Hausmeier
723	Sieg über die Araber bei Poitiers
Ab 737	Herrschaft ohne merowingischen König
Seit 719	Angelsachse Winfried aus Wessex (Bonifatius), Missionsbischof in päpstlichem Auftrag im Frankenreich. Gründungen zahlreicher Bischofsitze und Klöster
745/747	**Köln ist Erzbistum. Bonifatius ist designierter Erzbischof, später in Mainz (ab 781/82 Erzbistum). 751 Märtyrertod**

741–751 Aufteilung des Reiches unter Karl Martells Söhnen: Karlmann und Pippin III.

742/43 Concilium Germanicum: Reformsynode, einberufen von Karlmann mit Bonifatius: Wendung gegen heidnische Bräuche, Kritik adeliger Bischöfe

DYNASTISCHER HERRSCHAFTSWECHSEL: DER AUFSTIEG DER KAROLINGER (751–814)

751 Ende der Herrscherdynastie der Merowinger: Absetzung König Childerichs III. Hausmeier Pippin III. wird König. Salbung durch päpstlichen Legaten. Das Königtum konstituiert sich fortan durch Gottes Gnade. Aufgabe der heidnischen Herrschaftsidee der Heiligkeit des götterentstammten Geschlechts

754 Papst Stephan II. (752–757) stellt das von Langobarden bedrohte Rom unter den Schutz des Frankenkönigs. Salbung zusammen mit Söhnen Karlmann und Karl in St. Denis. Verleihung des Titels »Patricius Romanorum« (Schutzherr der Römer)

768 Reichsteilung. Karlmann stirbt. Karl (»der Große«) ist König der Franken

787/791 **Erneuerung des Erzbistums Köln durch Hildebold. 791 Erzkaplan des Frankenreichs**

800 Kaiserkrönung Karls des Großen (768–814) durch Papst Leo III. (795–816) in St. Peter in Rom. Aachen ist Residenzstadt. Einleitung umfassender Reformen (»Karolingische Renovatio«). Grundsteinlegung des modernen Europa

Silke Günnewig

FOTO- UND COPYRIGHTNACHWEIS

Foto nach: M. Axboe, U. Clavadetscher, K. Düwel, K. Hauck, L. von Padberg (Hg.), Die Goldbrakteaten der Völkerwanderungszeit, München 1985, (IK 1 Text), S. 257–258, Nr. 149,1; Taf. 192, 1a,1.: S. 85
Klaus Baranko, Worms: S. 103
Georg Hauser, Köln: S. 44
Foto nach: Peter Paulsen, Alamannische Adelsgräber von Niederstotzingen, Veröffentlichungen des staatlichen Amtes für Denkmalpflege Stuttgart, Reihe A, Heft 12/I, Stuttgart 1967, S. 94, Abb. 52: S. 82
Zeichnung Annette Paetz gen. Schieck: S. 53
Sebastian Ristow, Köln: S. 24 o. und u., 72, 88–89, 111
Sebastian Ristow, Zeichnung S. Zöldi: S. 113
Sebastian Ristow, Zeichnung S. Zöldi und C. Duntze: S. 2
Rekonstruktion: Sebastian Ristow in Verbindung mit Zs. Vasáros und G. Kállay, Narmer Architecture Studio & Research Institute for Visualization, Architecture and Archaeology, Budapest 2006: S. 61, 66, 91, 120
Foto: nach Sebastian Ristow, Die frühen Kirchen unter dem Kölner Dom. Befunde und Funde vom 4. Jahrhundert bis zur Bauzeit des Alten Domes. Stud. zum Kölner Dom 9 (Köln 2002) Taf. 4, 3: S. 25
Foto nach: Ch. Stiegemann (Hg.), 799 – Kunst und Kultur der Karolingerzeit. Karl der Große und Papst Leo III. in Paderborn. Ausstellungskat. Paderborn 1999, Mainz 1999, S. 450, VII.14.: S. 114
Foto nach: Ch. Stiegemann (Hrsg.), 799 – Kunst und Kultur der Karolingerzeit. Karl der Große und Papst Leo III. in Paderborn. Ausstellungskat. Paderborn 1999, Mainz 1999, S. 466, VII.26: S. 119
Axel Thünker DGPh: Umschlagsabbildung, S. 12, 13, 14, 23, 30, 31, 32–33, 40, 42, 43, 49, 70, 77, 93, 97, 99, 105, 107, 109, 117

Römisches Museum Augsburg: S. 101
Römisches Museum Augsburg (Manfred Eberlein): S. 55
Landschaftsverband Rheinland/Rheinisches LandesMuseum Bonn: S. 20–21, 26, 27, 29 o., 35, 38, 39, 45, 57, 78
Landschaftsverband Rheinland/Rheinisches LandesMuseum Bonn (H. Lilienthal): S. 75
Landschaftsverband Rheinland/Rheinisches LandesMuseum Bonn (S. Schröder): S. 29 u.
Landschaftsverband Rheinland/Rheinisches LandesMuseum Bonn (Stefanie Taubmann): S. 67, 79
Stiftung Schleswig-Holsteinische Landesmuseen Schloß Gottorf, Schleswig: S. 83
Landesamt für Denkmalpflege Rheinland-Pfalz, Abt. Archäologische Denkmalpflege, Amt Koblenz, Foto: Fotostudio Baumann, Höhr-Grenzhausen: S. 64

Römisch-Germanisches Museum Köln (Ulrich Karas): S. 58
Römisch-Germanisches Museum/Rheinisches Bildarchiv Köln (M. Mennicken): S. 69
Gemeinde Maastricht: S. 47
Landesmuseum Mainz (Ursula Rudischer): S. 81, 84
KiKirpa-Brüssel, Basilikaschatz Tongern (Erik Jammaers): S. 123
Provinciaal Gallo-Romeins Museum Tongern: S. 125
Rheinisches Landesmuseum Trier: S. 51
Museum Wiesbaden (E. Restle): S. 28

Dieses Buch erscheint anläßlich der
Ausstellung *Von den Göttern zu Gott. Frühes Christentum im Rheinland*
Rheinisches LandesMuseum Bonn
des Landschaftsverbandes Rheinland
(14.12.2006 bis 15.4.2007)

Herausgeber
Landschaftsverband Rheinland,
Rheinisches LandesMuseum Bonn
Rheinischer Verein für Denkmalpflege und Landschaftsschutz
Redaktion für das Museum: Thomas Otten, Sebastian Ristow

Gestaltung, Redaktion, Lektorat, Satz, Lithographie und Gesamtherstellung:
Reschke, Steffens & Kruse, Berlin/Köln
Druck: Meiling Druck, Haldensleben
Verlag: Ernst Wasmuth Verlag
Tübingen · Berlin

ISBN-10 3 8030 1058 6
ISBN-13 978 3 8030 1058 2

Umschlagsabbildung:
Goldglasboden mit Taube aus Zülpich

Ausstellung
Kuratoren: Lothar Altringer (Rheinisches LandesMuseum Bonn), Thomas Otten (Rheinischer Verein für Denkmalpflege und Landschaftschutz), Sebastian Ristow (Archäologisches Institut der Universität zu Köln), Winfried Schmitz (Rheinische Friedrich-Wilhelms-Universität Bonn)
Wissenschaftliche Beratung: Thomas Fischer, Michael Gechter, Jochen Giesler, Silke Günnewig, Christoph Keller, Claudia Klages, Ulrike Müssemeier, Eberhard Nikitsch, Bernd Päffgen, Andrea Schenk, Michael Schmauder, Ulrike Theisen
Ausstellungsarchitektur: Reschke, Steffens & Kruse, Berlin/Köln
Filmherstellung: Zsolt Vasáros, Gábor Kallay/ Atelier Narmer, Budapest und Sebastian Ristow, 2006
Grafik: Christoph Duntze, Annette Paetz gen. Schieck, Zsolt Vasáros, Stefan Zöldi
Ausstellungsaufbau und -technik:
Detlef Goller, Michael Jumpertz, Uwe Kleina, Kai-Uwe Kriegel, Robert Senkel, Gabriele Thoma, Ingeborg Wischnewski
Restaurierung: Holger Becker, Anne Breyer, Christiane Dirsch, Georg Hartke, Reinhold Keller, Ute Knipprath, Axel Peiß, Marco Romussi, Regine Vogel, Frank Willer
Transport und Versicherung: Eva Gebhard
Museumspädagogisches Programm: Heidrun Gansohr-Meinel, Franz Hülsbusch, Susanne Willer
Presse und Veranstaltungen: Gregor Isenbort
Vermarktung und Werbung: Stefan Krieger
Audio Guide: Linon Medien
Studentische Hilfskräfte: Niclas-Gerrit Weiß, Kristina Karsai, Frank Albert